Parallel zu seinen bahnbrechenden Romanen hat Bachtyar Ali seit Jahrzehnten zahlreiche Essays und Untersuchungen veröffentlicht. Mit diesem Sammelband ist er als scharf beobachtender, radikaler und zum Nachdenken herausfordernder Analytiker zu entdecken. Im Zentrum steht die Frage, welche Hindernisse sich im Mittleren Osten und der arabischen Welt der Aufklärung und friedlichen Entwicklung entgegenstellen. Ausgehend von den eigenen Erfahrungen und vertraut mit den europäischen Denktraditionen, sucht Bachtyar Ali neue Wege zur Erklärung der allgegenwärtigen Gewalt und verhängnisvollen Perspektivlosigkeit seiner Region.

»Bachtyar Ali ist ein Erzähler, der mit allen Wassern gewaschen ist: denen der Literatur und Literaturtheorie der Moderne, aber auch denen aus der ältesten, mythischen Quelle aller Literatur, dem Bedürfnis, Geschichten zu erzählen, um Geschichte zu erzählen, Sinn zu stiften.«
Deutschlandfunk Kultur

Bachtyar Ali wurde 1966 in Sulaimaniya (Nordirak) geboren. 1983 geriet er durch sein Engagement in den Studentenprotesten in Konflikt mit der Diktatur Saddam Husseins. Er brach sein Geologiestudium ab, um sich der Poesie zu widmen. Sein erster Gedichtband *Gunah w Karnaval* (Sünde und Karneval) erschien 1992. Sein Werk umfasst Romane, Gedichte und Essays. Er lebt seit Mitte der Neunzigerjahre in Deutschland. 2017 wurde er mit dem Nelly-Sachs-Preis ausgezeichnet.

Bachtyar Ali

Das Lächeln des Diktators

Essays

Aus dem Kurdischen (Sorani)
von Ute Cantera-Lang
und Rawezh Salim

Unionsverlag

Die Übersetzung aus dem Kurdischen (Sorani)
wurde von SüdKulturFonds in Zusammenarbeit mit
Litprom e. V. – Literaturen der Welt unterstützt.

Im Internet
Aktuelle Informationen, Dokumente und Materialien
zu Bachtyar Ali und diesem Buch
www.unionsverlag.com

© by Unionsverlag 2022
Neptunstrasse 20, CH-8032 Zürich
Telefon +41 44 283 20 00
mail@unionsverlag.ch
Alle Rechte vorbehalten
Umschlagmotiv: Fallende Statue Saddam Husseins (Wikimedia Commons)
Umschlaggestaltung: Sven Schrape
Satz: Greiner & Reichel, Köln
Druck und Bindung: GGP Media GmbH, Pößneck
ISBN 978-3-293-00588-4

Der Unionsverlag wird vom Bundesamt für Kultur mit einem
Verlagsförderungs-Strukturbeitrag für die Jahre 2021–2024 unterstützt.

Auch als E-Book erhältlich

Inhalt

Das Lächeln des Diktators

Die Diktatoren dieser Welt zeigen uns gerne ganz unterschiedliche Gesichter, als wohnten in ihnen mehrere Persönlichkeiten. Ihre exquisiten Neigungen erregten schon immer Aufmerksamkeit und wurden heftig debattiert. Hitlers Liebe zur Kunst, Chomeinis kindliche Leidenschaft für Zeichentrickfilme, die starke Beziehung von Enver Hodscha und dessen Frau zu Mutter Teresa, Fidel Castros Achtung gegenüber vielen Schriftstellern – sie sind ein kleiner Ausschnitt aus der surrealistischen Welt der Diktatoren.

Diktatoren gewinnen ja meist alle Wahlen. Sie kleben Jahr um Jahr schwerer auf ihren Thronen und bürden den Untertanen ihre ewige Liebe auf. Welcher Nationalität sie auch seien, es steckt in ihnen eine diffuse Mehrdeutigkeit, die uns Sterblichen unnatürlich, ja übernatürlich erscheinen soll. Saddam Hussein war einer dieser markanten, surrealistischen Herrscher, einer der grausamsten seiner Art. Ein Diktator, der bis zum Augenblick seiner Flucht aus Bagdad seine Opfer verhöhnte. Noch in der Stunde seiner Hinrichtung lachte er den Tod, uns und sich selbst aus.

In der Videoaufzeichnung seiner Urteilsvollstreckung,

während der Henker ihm den Galgenstrick um den Hals legt, sehen wir deutlich, dass er lacht. Dieses Lachen wird von manchen als Zeichen von Tapferkeit, Furchtlosigkeit und Todesverachtung ausgelegt. Ich halte diese Interpretation für oberflächlich und vorschnell. Sie geht am Charakter des Diktators und dem Gesamtsystem der Diktatur vorbei. Trotz ihren tragischen Auswirkungen, trotz dem allgegenwärtigen Tod, den Ängsten und den Tränen, die ein Diktator verursacht, die Komödie und das Lachen sind ein wesentlicher Bestandteil dieses Herrschaftssystems.

In jedem Diktator steckt ein Clown. Jedes diktatorische System schafft sich die Posse seiner selbst. Das Lachen von Saddam Hussein in seiner letzten Stunde hat eine lange Vorgeschichte, die tief mit der Entwicklung seiner Diktatur und seinem Lebensweg verknüpft ist. Das Lächeln des Diktators entspringt der Tiefe jener Hölle, die er selbst geschaffen hat.

In der Geschichte der Menschheit ist das Lachen nicht nur Ausdruck von Freude und Glück, sondern auch verknüpft mit dem Auftrumpfen von Macht. Es ist ein wichtiges Indiz der Machtentfaltung und gehört zu den Formen, in denen der Herrscher seine Kontrolle über die Untertanen zeigt. In der indischen Mythologie heißt es, dass die Göttin Maya, wenn sie ihre Gegner vernichtet, so laut lacht, dass sie den Boden zum Beben bringt. Das Lachen im Augenblick des Tötens ist ein Zeichen für eisernen Willen und Macht, die schon immer zu den Eigenschaften der Tyrannen zählten. Den

Tod der anderen zu verlachen, gehört in ihren Verhaltenskodex. Aber die Verknüpfung zwischen Lachen und Tod hat noch andere Wurzeln. Im Alten Ägypten gab es die Sitte, Hals und Füße der Toten zu verschnüren und sie unter Gelächter zu steinigen. Dieses Ritual sollte dem Tod die Möglichkeit nehmen, vom Gestorbenen auf die Lebenden überzuspringen. Das Lachen war also eine Kraft, den Tod zu besiegen.

Saddam Husseins System baute auf Krieg, Hinrichtungen und Grauen. Das Gesicht der Herrschaft der Baathisten kannte kein Lächeln, keine Heiterkeit und keinen Humor. Es war ein System der Trauer. Unzählige Menschen wurden für ihr Lachen erhängt. Niemand durfte Saddam Hussein und seine Gefolgsleute auslachen. Zur Strategie dieses Systems gehörte der tödliche Ernst gegenüber der Ideologie, den Symbolen und Verheißungen des Regimes. Diese Angst vor dem Lachen erinnert an die Furcht aller festgefügten Fanatismen vor Spott und Hohn.

Saddam Husseins Angst, er könnte zur Lachnummer werden, hat eine Wurzel in der Kultur der Beduinen, in der die Männer nicht dulden, dass man sie verspottet. Sie gründet aber tiefer in der Geschichte von Religion und Philosophie. In der griechischen Philosophie finden wir zwei Strömungen, die ihre Gegenläufigkeit durch den Gesichtsausdruck vermitteln: Heraklit wird immer mit altem, kummervollem Gesicht und Sorgenfalten dargestellt, er vergießt Tränen über die Misere der Welt. Im Gegensatz zu diesen mürrischen Zügen steht das Bild von Demokrit, der bekannt ist als der Philosoph des Lachens. Er hielt es für ein Zeichen der fröhlichen Seele und der Freiheit von Furcht. Er wird als junger Mann dargestellt, der sich belustigt über die Welt und ihre Narren beugt.

Doch in der griechischen Philosophie überwiegt der Zweifel am Lachen, das als unangebracht gilt. Plato warnte davor, wenn es gegen hohe Werte und Götter gerichtet war. Philosophie dürfe nie lächerlich und der Philosoph nie zum Gespött werden. Er rief dazu auf, nicht in Homers Gelächter einzustimmen, denn Homer erzählte nicht nur vom Lachen der heiligen Götter, sondern lachte diese auch aus. Den Überlieferungen zufolge war Plato selbst ein Griesgram, der das Lachen aus der Philosophie zu vertreiben suchte. Damit stand er im Gegensatz zu Epikur, der meinte: »Wir müssen gleichzeitig lachen und philosophieren.« Auch Aristoteles wird unter die ernsten Philosophen gereiht. Obwohl er das menschliche Lachen als ein göttliches Erbe betrachtete, so verwies er es doch in die Grenzen von Sittlichkeit und Mäßigung.

Die Missbilligung des Lachens zieht sich durchs Mittelalter. Als das Christentum seine Blütezeit erreicht, kann es sich nicht von Fesseln und strengen Regeln befreien. Jahrhunderte werden vergehen, bis die Vorstellung vom »teuflischen Lachen« abgelöst wird vom Jubel über das »göttliche Lachen« und eine neue Sicht sich durchsetzt: »Das Lachen ist wohl eine der größten Erfindungen Gottes«, so der israelische Satiriker Ephraim Kishon.

Diese Debatte beginnt schon im jungen Christentum. Der einflussreiche christliche Prediger Johannes Chrysostomos war der Überzeugung, dass Jesus in seinem Leben nie gelacht habe. Der Historiker Jacques Le Goff sagt über das 4. und 5. Jahrhundert, dass man sich damals das Lachen verkniff, da es als ein satanischer Akt interpretiert wurde. Erst im 12. Jahrhundert werde begonnen, »zwischen dem (moralisch) guten und somit erlaubten und dem (moralisch) verwerflichen, also unerlaubten Lachen zu unterscheiden«. In vielen Kirchen werden Anweisungen aufgestellt, die das Lachen als Sünde einstufen und verbieten. In dieser Zeit verschwindet sogar das Lächeln auf den Gesichtern der Porträts und der Skulpturen. Falls ein Kunstwerk doch ein Lächeln zeigt, drückt es nicht Freundlichkeit aus, sondern soll vor Torheit mahnen, denn nur die Unwissenden lachen. Die Angst vor dem Lachen blieb in den folgenden Jahrhunderten erhalten. Frankreichs König Ludwig IX. hat sich das Lachen freitags verboten, und für die weiteren Wochentage stellte er besondere Bedingungen für bestimmte Formen des Lachens.

Der Blick in die Geschichte zeigt also, dass das Lachen immer schon mit Zweifel und einer kritischen Haltung verknüpft wurde. Diese Ablehnung übertrug sich im Verlauf der Geschichte auf die Politik.

Zurück zu Saddam Hussein, dem Anführer eines der finstersten Systeme dieser Welt, das auf Leid und Schmerz gebaut war. Warum hat er bei seiner Hinrichtung gelacht? Welcher Art war sein letztes Lachen? War es Kühnheit oder die Fortsetzung der blutigen Geschichte des Baath-Systems?

Ich denke, Sancho Pansa hat die Antwort auf diese Frage gefunden. »Señor, Traurigkeit ist nicht für die Tiere da, sondern für die Menschen, wenn aber die Menschen ihr im Übermaß nachhängen, so werden sie zu Tieren«, sagt er, als sein Herr, Don Quijote, in tiefe Traurigkeit versunken ist. Im Augenblick vor dem Tod greift Saddam auf die letzte ihm gebliebene Waffe zurück: das Lachen. Es offenbart seine unmenschliche Seite. Er will verhindern, dass wir eine menschliche Regung an ihm erleben, und erst recht nicht in diesen letzten Minuten seines Lebens. Er will bis zum Schluss provozieren. Durch dieses hämische Lachen will er jene Inszenierung fortsetzen, in der er sich schon immer als gnadenloses, unerschütterliches Geschöpf präsentierte, das über dem Tod steht. Also als ein Gott.

Saddam Hussein hätte die Gelegenheit gehabt, sich in seinen letzten Atemzügen als Mensch zu zeigen. Aber er entscheidet sich, sie vorüberziehen zu lassen, um zu beweisen, dass er kein sterblicher Mensch ist wie die anderen. In der Tiefe seines Lachens steckte kein Mut, sondern die Verhöhnung unserer natürlichsten Grundgefühle: Angst und Traurigkeit. Er wollte, wie die meisten Diktatoren, sogar den eigenen Tod noch in eine Demonstration von Macht verwandeln.

Meiner Meinung nach hatte Saddam Hussein diese Vorführung bereits im Vorfeld gut durchdacht. Es ging ihm darum, noch am Lebensende unberechenbar zu erscheinen und zu überraschen, das Lachen in eine tödliche Waffe umzuwandeln. Das entsprach seiner Philosophie von Leben und Tod.

Die Angst der Diktatoren, wie auch mancher Gelehrten und Philosophen, vor dem Lachen ist auf jene zersetzende Macht zurückzuführen, die dem Lachen innewohnt. Diese Tatsache war Saddam Hussein wohl bewusst. Schließlich hatte er ein System erschaffen, in dem das Lachen untersagt war. Den Menschen war erlaubt, zugunsten des Regimes über die Welt draußen zu spotten, aber nicht, sich über die Machthaber lustig zu machen. Bereits bei seiner Machtübernahme zog er die Trennlinie zwischen seinem eigenen Lachen und dem des Volkes. Während die meisten seiner Untertanen weinten, lachte er. Unter seinen unverschämtesten und lautesten Lachsalven waren jene, die zwischen 1987 und 1988 abends im Fernsehen ausgestrahlt wurden, als er den Völkermord gegen die Kurden betrieb und die Iraner zu vernichten versuchte. Sein Lachen war eine zusätzliche Sprengladung, die er seinen Vernichtungswaffen beifügte, eine Waffe wie die Raketen, für die er den Abschussbefehl gab. Aus Saddams Lachen sprach nie Freude oder Freundlichkeit, es war nie Zeichen der Tapferkeit. Mark Twain schreibt: »Die Menschheit hat nur eine wirklich wirksame Waffe, und das ist Lachen.« Ohne dass Saddam Hussein Mark Twain gelesen hatte, war er in diese Erkenntnis eingeweiht und wusste diese gefährliche Waffe in seinem Sinne geschickt einzusetzen.

Die meisten Fotos von Saddam Hussein zeigen einen Mann mit einem breiten Lächeln. Aus ihnen sprechen gleichzeitig die Ideologie des Sieges und Gleichgültigkeit. In den Sekunden vor seinem Tod wollte er nochmals untermauern, dass seine Macht über sein Erdendasein hinausging. Saddam lächelte, um zu sagen, dass sein Tod nicht das Ende seiner Macht bedeutete. In seinen letzten Sekunden lachte nicht der Mensch Saddam Hussein, sondern jene Macht, die er verkörperte.

Zeit seines Lebens war er unaufhörlich bemüht gewesen, seine Person und seine Macht als zwei untrennbare Elemente zu zeigen: Der Staat war Saddam Hussein, und Saddam Hussein war der Staat – er war der Irak. Die Parolen dieser Doppelnatur prangten während Jahrzehnten an den Mauern des Landes. Sein letztes Lächeln war der allerletzte Versuch, den sterblichen Leib von seiner unsterblichen Macht zu trennen.

Ein Gedicht von Wilhelm Busch kann helfen, Saddams bösartiges Lachen zu ergründen:

Es sitzt ein Vogel auf dem Leim,
Er flattert sehr und kann nicht heim.
Ein schwarzer Kater schleicht herzu,
Die Krallen scharf, die Augen gluh.
Am Baum hinauf und immer höher
Kommt er dem armen Vogel näher.

Der Vogel denkt: Weil das so ist
Und weil mich doch der Kater frisst

So will ich keine Zeit verlieren,
Will noch ein wenig quinquilieren
Und lustig pfeifen wie zuvor.
Der Vogel, scheint mir, hat Humor.

Dieser Vogel weiß, dass ihm der Tod unmittelbar bevorsteht, gleich wird ihn die Katze fressen. In seinen letzten Sekunden will er nochmals ganz bei sich selbst und seiner Bestimmung sein und nicht zulassen, dass der Tod ihm Harmonie und Glück raubt. Er ist genau der Gegenpol zu Saddam Hussein. Humor ist für den Vogel, sich das Recht zu nehmen, bis zum letzten Augenblick zu leben und sich nicht vor dem Tod zu verstecken. Saddam Hussein dagegen wollte seinen Krieg über den Tod hinaus fortsetzen und sich mit seinem Lachen über den Tod stellen.

Der Philosoph Helmuth Plessner verweist in seinem Buch *Lachen und Weinen – Eine Untersuchung nach den Grenzen menschlichen Verhaltens* auf diese Dimensionen des Lachens: »Die Klugheit lächelt und die Dummheit, der Stolz und die Bescheidenheit, die Überlegenheit und die Verlegenheit. Wir kennen das freundliche, das abweisende und das zurückhaltende, das spottende und das mitleidige, das verzeihende und das verachtende Lächeln. Es kann Überraschung, Einsicht und Wiedererkennen, Unverständnis und Einverständnis, sinnliches Behagen, Zufriedenheit, aber auch Leid und Bitterkeit ausdrücken. Sieg und Niederlage empfangen gleichermaßen sein Siegel.«

Mit seinem Lachen will Saddam Hussein uns sagen: »Im Augenblick meines Sterbens lauert keine Gefahr für mich.« Diese Haltung hat nichts damit zu tun, dass er sich frei von Todesangst zeigen will. Nein, er beharrt auf Unsterblichkeit. Ihm ist bewusst, dass seine letzte Stunde gekommen ist, aber um etwas zu retten, ist er gezwungen, die Einheit seiner Macht mit seiner Person, die zu Lebzeiten nie getrennt werden durfte, selbst zu sprengen. Zeugen berichten, dass er gesagt haben soll: »Mein Leib ist vergänglich, aber meine Kraft und meine Macht bleiben bestehen.« Er beharrt darauf, dass ihm der Tod nichts anhaben kann.

Und doch: Wenn wir tiefer blicken, ist es undenkbar, dass er dem Tod furchtlos gegenüberstand. Saddam Husseins Panik vor dem Tod zeigte sich in anderer Form. Worin bestand diese Angst? Wie können wir jemanden einen Feigling nennen, der im Moment seines Todes lacht? Vergegenwärtigen wir uns die Jahrzehnte seiner Regierungszeit. In zahllosen Säuberungen eliminierte er immer wieder Parteimitglieder und hochrangige Offiziere der Armee. Offensichtlich lebte dieser Mann in ständiger Angst vor seinen Feinden. Das gesamte Baath-Regime war darauf ausgerichtet, sein Leben zu beschützen. Kaum ein Politiker im Mittleren Osten hat so viele Barrieren zwischen sich und dem Tod aufgestellt. Dieser Präsident hat alle irakischen Staatsbürger in menschliche Schutzschilde verwandelt. Der Sicherheitsapparat, die Armee, der Geheimdienst, sie hatten alle eine vorrangige Aufgabe: zu verhindern, dass die Hand des Todes nach Saddam Hussein greift. Das einzige Buch, das jeder irakische Bürger besitzen musste, hatte den Titel *Die versuchten Attentate auf den verehrten Präsidenten,* geschrieben vom Bruder Saddam Husseins, Barzan Ibrahim at-Tikriti. Es sollte dem irakischen Volk zeigen, dass kein Attentat zu Saddams Tod führen kann. Auch sein letztes Lachen diente dazu, sich vom Tod zu distanzieren. Es war nicht das Lachen der Tapferkeit, sondern das Lachen eines Menschen, der vor dem Tod flieht. Ein Lachen als letzte Hürde, die er in diesem Moment zwischen sich und seinen Henker stellen konnte. Saddam Hussein schaffte es nicht, wie der kleine Vogel dem Tod keine Beachtung zu schenken. Er konnte dem Tod nicht ins Auge sehen, er floh ins Lachen. Es war eine Reaktion, wie wenn wir uns beim Ansehen eines Horrorfilms zur Abwehr des Schreckens die Hände vors Gesicht halten. Da aber Saddam Husseins Hände in Handschellen lagen, blieb ihm nichts anderes übrig, als zu lachen.

Wilhelm Buschs humorvoller kleiner Vogel zwitschert fröhlich, aber Saddam Husseins Lachen ist ein Akt gegen die Freude. Das Lachen aus positiver Sicht, angesichts von Komik oder einer Komödie, ist eine Brücke der Heiterkeit zwischen Menschen. Aber Saddam Husseins Lachen richtet sich gegen die Seele der Komödie. Er selbst ist sich bis zu einem gewissen Grad bewusst, dass sein Ende und seine Herrschaft nicht frei sind von grotesker Komödie: wie er den Krieg verloren hat, die Art, wie er Bagdad fluchtartig verlassen hat, sich in einem Kellerloch versteckte, wo er verhaftet wurde. Die Bilder seiner Verhaftung als bärtige, struppige, heruntergekommene Erscheinung, sein Geschrei vor dem Gericht, wie er während der Prozesse den Koran in der Hand hielt, die Tumulte, als er aus dem Gerichtssaal geworfen und wieder hereingebracht wurde – solche Szenen könnten aus einem satirischen Roman oder einem burlesken Film stammen.

Aber Saddam Hussein wollte nicht als Gestalt einer Komödie enden, wollte nicht, dass seine Zuschauer über ihn lachen. Er wollte den Spieß umdrehen. Als der Vorhang über seine Schreckensherrschaft fiel, wollte er sich selbst mit einem Lachen verabschieden und von der Bühne gehen. Was ein rechter Diktator ist, lacht im Scheinwerferlicht, von der Bühne herab, seine Zuseher aus, um jedes Lachen im Keim zu ersticken, das von den Zuschauerrängen aus aufsteigen könnte.

Hätte er nicht ein letztes Mal seinen todbringenden Hohn erschallen lassen, hätte er uns nicht ein letztes Mal daran erinnert, dass uns das Lachen verboten ist, so wäre die Tragödie seiner Herrschaft in einer Komödie geendet. Er musste diese Inszenierung bis zur letzten Sekunde seines Lebens fortsetzen.

Im Leben von Wilhelm Buschs kleinem lebensfrohen Vogel gab es keine Inszenierung, er lebte für sich sein eigenes Leben. Die Trennung zwischen Innenwelt und Außenansicht, zwischen Privatleben und die Öffentlichkeit, in die die meisten von uns Menschen verwickelt sind, kannte er nicht. Wir haben ja zwei Gesichter: jenes, das wir in der Gesellschaft zeigen, und unser privates. Der

Vogel besitzt kein zweites Ich. Wenn er zwitschert, dann ohne einen Gedanken daran, wie er sich präsentiert. Sein einziges Streben ist, das Leben bis zum letzten Augenblick zu genießen.

In jedem Menschen stecken mehrere Ichs. Diese Aufspaltung ist folgenreich. In Saddam Hussein erkennen wir sie in ihrer fanatisch-psychopathischen Übersteigerung. Saddam als Individuum ist gänzlich mit Saddam als Diktator verschmolzen, und dieser Diktator ist der Knecht seines Bildes in der Öffentlichkeit. Er ist das Geschöpf jener Kameras, die die Bilder von ihm in die Welt hinaustragen.

Wenige Menschen in der Geschichte waren so sehr Knechte der Kamera wie er. Die Maschinerie der Medien machte aus seinem Leben ein Schauspiel. Dieser Anführer hat nie auf einem echten Schlachtfeld Opfer gebracht, seine Schlachten wurden immer vor der Kamera geschlagen. So wurde schon früh aus einem authentischen Menschen ein Schauspieler, denn vor der omnipräsenten Kamera wird die Person zur Bühnenfigur. Uns allen ergeht es so vor der Kamera, sie macht aus einer Szene des Lebens Theater und Schauspiel.

Saddam erging es nicht anders. Sobald er Kameras sah, schauspielerte er. Und sie vereitelten es ihm zuletzt, einen normalen Tod zu sterben und bei sich zu sein. Sein letzter Gedanke galt den Bildern, die in die ganze Welt ausgestrahlt wurden. Noch in den letzten Sekunden seines Lebens war er damit beschäftigt, sein Bild als absoluter, unsterblicher Machthaber aufrechtzuerhalten. Das letzte

Lachen des Diktators war kein humanes Lachen. Es war das Lachen eines finsteren Clowns, der eine Tragödie weiterspielen wollte.

Gott, der Staat
und die Technik

Als im Orient die breite Bevölkerung zum ersten Mal mit der Moderne in Berührung kam, geschah dies nicht über kulturellen Austausch, durch Wissenschaft, Ideen und Bücher, sondern es kamen Eroberer, die Pferde und Elefanten gegen Maschinen ausgetauscht hatten und damit in die Städte und Dörfer einrollten. Seelenlose Hilfsmittel, die magische Kräfte besaßen. Anfang des 20. Jahrhunderts beschrieb der kurdische Poet Zewar (1875–1948) diese Maschinen als »Monster mit feuergeschwängerten Leibern«. Zum ersten Mal erblickten die Menschen Flugzeuge, Automobile und Transportmittel aller Art, mit denen Engländer und Franzosen ihre Soldaten beförderten, die sie aber auch zur Zerstörung ganzer Regionen einsetzten. Ihnen wird bewusst, dass die Welt nicht mehr so ist, wie sie einmal war.

Die neuen Produkte der Technik erreichten uns als etwas Fremdes, als zerstörerische Macht und überwältigendes Waffenarsenal. Im Unterbewusstsein der Menschen verankerte sich die Assoziation der Moderne mit Krieg und hoch entwickelter Militärtechnik. Modernität bedeutete bald, die Mittel der Kriegführung zu modernisieren. So beobachten wir es heute in den Auseinandersetzungen zwischen dem Westen und dem Iran, und zuvor hatten wir es im Konflikt zwischen dem Westen und Saddam Hussein erlebt. Moderne wurde gleichgesetzt mit der Fähigkeit zur Erschaffung einer immensen Kriegsmaschinerie.

In der Geschichte der Moderne aber lautete die ursprüngliche Grundfrage ganz anders: Was ist das Wesen der Wissenschaft, was bedeutet Technik, und wozu dienen Maschinen?

Bis heute haben diese Fragestellungen im Orient keinen großen Stellenwert und keine wirkliche Bedeutung gewonnen. Der Mehrheit der Bevölkerung wurde das wissenschaftliche Erbe nie wirklich und tiefgreifend vermittelt, Galilei und Kopernikus wurden nie vertraute Gestalten. Die Bevölkerung wurde unmittelbar mit den todbringenden »Errungenschaften« der Moderne konfrontiert. Als das neue Zeitalter begann, konnten sich die Stimmen der vereinzelten Forscher und Denker, die der breiten Masse die Essenz der Wissenschaft hätten erläutern können, nicht Gehör verschaffen.

Was darauf folgte, war ein Schock. Die wichtigste Frage dieser Zeit, aufgeworfen von Dschamal ad-Din al-Afghani, dem bedeutendsten muslimischen Denker und Islamreformer, lautete: Warum sind wir dermaßen rückschrittlich? Der Schreck war besonders groß für viele Islamgelehrte, die sich fragten: Wie kann es sein, dass die Muslime, die Gott am nächsten stehen, derart schwach und unterjocht sind?

Die Frage war im Grunde leicht zu beantworten: Uns fehlten die Kenntnisse und Erfahrungen des wissenschaftlichen Fortschritts, die das Abendland bereits durchlaufen hatte. Die Frage nach dem Wesen moderner Wissenschaft war dem Orient jener Epoche vollständig fremd. So wurde die moderne Technik zu einem magischen Mittel, durch das man, wenn man es nur endlich besaß, dem Westen gegenübertreten konnte. Technik war nicht jene zivilisatorische Errungenschaft, die mystische Geisteshaltung beseitigen oder ersetzen sollte, sondern sie wurde erst recht als Gotteswerk mystifiziert. Sie wurde gar zu einem neuen Aberglauben: Technische Errungenschaften waren jene geheimnisvollen Waffen, die für den Krieg gegen den Westen unabdingbar waren.

Die moderne Wissenschaft ist im Westen über Jahrhunderte im Konflikt mit Religion und Kirche herangewachsen. Im Orient hingegen wurde die Wissenschaft nicht als Gegenentwurf zu den herrschenden, religiösen, rückschrittlichen Kräften gesehen. Wir übernehmen sie vom Westen zu unserem Schutz vor dem Westen. Wir stützen uns auf die Wissenschaft nicht, um unser Weltbild zu erneuern, sondern zu unserer Verteidigung. So verlor auf dem Weg zu uns die Wissenschaft ihre geistige und gesellschaftliche Sprengkraft und wurde eingebettet in die bestehende Irrationalität und Mystik der Weltanschauung der Muslime.

Dieses Desinteresse an der Essenz von Wissenschaft hat auch eine philosophische Dimension. Der Philosoph Gerhard Gamm bezeichnet die Moderne als Versuch zum Erreichen und Ergreifen des »Ding an sich«. Die Denktradition des Orients kennt die fundamentale kantische Unterscheidung von »Ding für uns« und »Ding an sich«, die den Kern der europäischen Moderne ausmacht, nicht. Naturwissenschaft und Erkenntnistheorie des Westens wurden mit ihrer kritischen Skepsis gegenüber dem äußeren Anschein zum Haupttor zur Entwicklung der europäischen Moderne. Seit der Renaissance wuchs eine Tradition kritischer Wissenschaft heran, die sich nicht davon abhalten ließ, die Dinge zu beobachten, ihre Natur zu verstehen, zu forschen und zu hinterfragen. Dieser Prozess von Durchdringung und Eroberung der Natur – mit all seinen positiven und besorgniserregenden Konsequenzen – schuf die moderne wissenschaftliche Weltanschauung des Westens.

Der historische Prozess hin zur Moderne hatte eine atheistische Komponente: Damit der schaffende Mensch, der Homo Faber, die Bühne betreten konnte, musste Gott als Demiurg, als Weltenschöpfer und -lenker, seinen angestammten Platz frei machen. Die Erkenntnisse der Naturwissenschaften entbanden Gott von vielen seiner traditionellen Funktionen. Die Technik wurde die Alternative zu Gott.

Dass sich im heutigen Orient ein ähnliches Szenario abspielt, ist undenkbar. Technik wird hier lediglich genutzt. Gott bleibt nicht nur präsent, er gebraucht die Technik sogar selbst.

Keine der säkularen Strömungen hat so viel Nutzen aus dem Fortschritt der Technik gezogen wie die religiöse

Bewegung. Ihr Aufschwung ist von der Verbreitung der modernen Technik nicht zu trennen.

In erster Linie profitieren die Prediger vom Lautsprecher. Vor dessen Erfindung fanden Mullahs nur bei jenen Personen Gehör, die die Moscheen besuchten. Heute erreichen die Stimmen der Muezzins und die Predigten der Islamgelehrten via Lautsprecher jedes Haus und jeden Menschen in großer Entfernung.

Dann die Transportmittel: In alten Zeiten betrug die Anzahl der Mekka-Pilger jährlich einige zehntausend Personen. Manche kamen auf der langen, beschwerlichen Reise ums Leben. Aber der technische Fortschritt erleichterte es den Muslimen, dieser religiösen Pflicht nachzukommen. Heute reisen jährlich Millionen Pilger mit Fahrzeugen und Flugzeugen nach Mekka. Jeder Haddschi, der die Pilgerfahrt unternommen hat, wird als eine religiöse Persönlichkeit hoch angesehen. Also vervielfachte sich die Zahl der Gläubigen, deren Wort Gewicht in der Gemeinschaft und in der Gesellschaft hat.

Und schließlich der Siegeszug von Rundfunk und Fernsehen. In allen islamischen Staaten wird das Radio täglich zum Rezitieren des Korans benutzt, aber auch für religiöse Sendungen und Interviews mit Islamgelehrten. Das Fernsehgerät ist zur Säule religiöser Botschaften geworden. Inzwischen gibt es, neben iranischen, türkischen und kurdischen Sendern, an die hundert arabische Satelliten-Kanäle, die sich ausschließlich religiösen Themen widmen.

Gott könnte ohne Technik keine großen Schritte

machen. Die Religion heute ist ein Reiter, der nur auf dem Rücken der modernen Technik vorankommen kann.

Das Dilemma der orientalischen Mentalität ist, dass sie die fundamentale Unvereinbarkeit von wissenschaftlicher Vernunft und religiösem Weltbild nicht erkennt, nicht anerkennen will. Wissenschaft und Technik finden hier statt in den historischen Ruinen der einstigen Hochblüte arabischer wissenschaftlicher Kultur. Es wird eine Modernisierung versucht, aber ohne die Grundsätze wissenschaftlichen Geistes. So wird der Mensch nicht zu einem wirklich erschaffenden Geist. Deus Faber, der Gott der Schöpfung, verwandelt sich nicht in den Homo Faber, den schöpferischen Menschen. Der Mensch schafft, nutzt und bedient die Maschinen, so wie er Auto fährt, aber die Denkweise und kulturelle Leistung, die einst zu ihrer Schaffung führte, ist ihm fremd. Für die Mehrheit der Bevölkerung sind sogar die rein technischen Kenntnisse nicht von Nutzen, denn es fehlt die Industrie, in der sie ihre Kenntnisse praktizieren, erweitern oder entwickeln könnte.

Der Umgang mit Technik im Orient entspricht dem Naturverständnis. Natur gilt als ein Rohstoff, der beschafft werden muss, wie beispielsweise ein Baum, der ausgegraben und im eigenen Garten eingesetzt wird. Die Mehrheit der Muslime betrachtet bis heute die Nahrung, die sie für sich verwenden, als Geschenk Gottes. Auf gleiche Weise sehen sie die technischen Errungenschaften als Produkte einer übersinnlichen Macht, die sie, wie die gottgeschenkte Natur, verwenden und genussvoll konsumieren. Auf diese Weise schaukelt unsere Welt ständig zwischen Deus Faber, dem Gott der Schöpfung, und Homo Consumens, dem konsumierenden Menschen, hin und her, ohne den Weg über Homo Faber, den erschaffenden Menschen, einzuschlagen.

Das Auftauchen der motorisierten Maschinen Anfang des 20. Jahrhunderts traf die orientalischen Gesellschaften in ihrem Kern unvorbereitet. Bis zum Zerfall des Osmanischen Reichs hatte sich hier keine mit Europa vergleichbare Industrialisierung entwickelt. Es gab regionale Handwerksproduktion von Teppichen im Iran oder Seifen in Irak und Syrien sowie Kleinbetriebe für Textilien, Stoffe und andere Produkte des täglichen Bedarfs. Aber Großindustrien wie im Westen waren nicht entstanden. Auch im 20. Jahrhundert ging der Industrialisierungsprozess nur schleppend voran. Im Allgemeinen waren die großen Fabriken in der Hand des jeweiligen Staates. Regionale Kapitalisten strebten Selbstständigkeit und Unabhängigkeit an, aber der Staat stellte sich stets gegen das Wachstum des Privatsektors. 1964 waren 25 % der irakischen Industrie in privatem Besitz. In jenem Jahr erließ die irakische Regierung das Gesetz Nr. 99, das die meisten bedeutenden Sektoren wie Zement, Öl und Zigaretten verstaatlichte. Danach blieben nur 13 % der Industrie in der Hand des Privatsektors. Heute hat sich dieses Verhältnis im Irak, Syrien, Libanon und Iran weiter verschlechtert. Der Privatsektor steht vor einem Abgrund, Handel und Import ersetzen die Inlandsproduktion.

Die Wechselwirkungen zwischen Industrie und Gesellschaft sind im Orient völlig anders als in westlichen Gesellschaften. Im Westen hatte das Aufblühen der Technik die Eigentumsverhältnisse und die Sozialstrukturen radikal umgewälzt. Jeder technische Fortschritt bedeutete nicht nur eine Fortentwicklung der Produktivkräfte, sondern auch eine Veränderung der gesellschaftlichen Produktionsverhältnisse. Als im Orient Automobile und andere Maschinen erstmals auftauchten, wirkten sie sich lediglich auf die Machtverhältnisse und die Politik aus. Seit dem Beginn des 20. Jahrhunderts haben unsere Gesellschaften keinen wirklichen, tiefgreifenden Industrialisierungsprozess durchlaufen. Technik, die in den Orient wanderte, wirkte nicht als Umwälzung, erneuerte nicht die Strukturen der Gesellschaft. Sie bewirkte lediglich eine Machtverschiebung. Insofern beeinflusste die Technisierung der Gesellschaft vor allem das politische Umfeld und veränderte kaum je das Wirtschaftssystem und die geistigen Grundlagen.

Als die europäischen Kolonialmächte sich die Region untertan machten, brachen sie den lokalen Widerstand mit ihrer Übermacht an Waffen, Kampfflugzeugen, Panzern. Die Herrschenden vor Ort wurden entmachtet. Die politischen und gesellschaftlichen Verhältnisse wankten, nicht aber die Mentalitäten und die gesellschaftlichen Strukturen. Eine neue Tatsache kam ans Tageslicht:

Wer die neue Technik besitzt, verfügt über die absolute Macht. Nur Staaten waren in der Lage, diese moderne Technologie von den Europäern zu erwerben.

Die Europäer wollten die Kosten ihrer Eroberungen gering halten und möglichst wenig eigene Truppen für die Kontrolle über die weitläufigen eroberten Regionen einsetzen. Also ließen sie die heimischen, lokalen Herrscher unter ihrer Aufsicht weiterregieren. Die Europäer ahnten nicht, dass diese schwachen Regimes, die sie in der ersten Phase der Kolonisierung auf- und ausrüsteten, in der zweiten Hälfte des 20. Jahrhunderts zu gefährlichen, zerstörerischen, brutalen Monstern würden. Die neu entstandenen Staaten wurden kontinuierlich durch einen langsamen Prozess mit moderner Technik versorgt. Aber je stärker die Streitmächte der neuen Regimes durch die Unterstützung des Westens wurden, umso ausgeprägter wurden ihr Nationalismus und Konfessionalismus. Die Konsequenzen waren bei Saddam Husseins Irak, dem islamischen Iran und Assads Syrien zu sehen. Der gesamte Staat verwandelte sich zuletzt in einen Militärapparat, in dem sogar die Zivilbevölkerung in den Diensten des Heeres zu stehen hatte.

Dem ersten Siegeszug der modernen Technik gelang es nicht, die Einsichten, Denkweisen und Mentalitäten der orientalischen Welt zu verändern. Dennoch kamen ihre Verhältnisse bald ins Wanken. Dafür sorgten das weltpolitische Umfeld, aufbrechende ethnische Konflikte und neue Machtansprüche von gesellschaftlichen Gruppen, die auf die Bühne traten.

Die Industrialisierung brachte kein Proletariat im westlichen Sinne hervor, dafür kamen aber andere, verhängnisvolle Kräfte zutage. Im Westen hatte der Aufschwung der Produktion ein starkes Proletariat hervorgebracht, das in der Arbeiterbewegung eine Kraft des Fortschritts wurde. Im Orient gebar die Technik vor allem eine große Anzahl von Soldaten, rüstete allenthalben verfeindete ethnische und religiöse Gruppierungen auf und ließ Scharen von Arbeitslosen entstehen, die von jeder politischen Macht, die ein wenig Geschicklichkeit besaß, mit populistischen Parolen verführt, mobilisiert und schließlich in faschistische Milizen umgewandelt werden konnten.

Während in Europa der Erste Weltkrieg wütete, reichten sich im Orient drei wichtige Strömungen die Hand, um die Fantasie jener Massen zu stimulieren, die sehnsüchtig nach Erneuerung und Hoffnungsträgern suchten, bei denen sie sich anlehnen konnten. Als Erstes bot sich das Modell »Nationalstaat« an. Es versprach eine magische Lösung für all die Probleme in der Region.

Zu einem zweiten Sammelpunkt wurde der Begriff der »Geschichte«, den die Marxisten neu in den Orient brachten und mit anziehenden, mythischen Assoziationen behafteten. Doch bevor die Marxisten selbst Nutzen daraus ziehen konnten, ergriffen die rechten Parteien diese Idee und wandten sie für ihre Absichten an.

Religion war der dritte Ansatz zur Sammlung. Da die Herrschenden nicht in der Lage waren, das schmerzlich empfundene Ungenügen der Gesellschaft zu füllen, wurden religiöse Auslegungen zur attraktiven Alternative.

In Europa hatte der übersteigerte Chauvinismus der Nationalstaaten schon den Ersten Weltkrieg ausgelöst und gebar das neue Monster des Nationalsozialismus, der sich anschickte, die Welt zu erobern beziehungsweise zu zerstören. Nun schlug der Orient ebenfalls den törichten Weg ein und fand sein Ideal in einem Nationalstaat, der als Vertretung Gottes auch historische-religiöse Bedürfnisse verkörperte. Gott und die Verklärung der glorreichen Geschichte, ob der arabischen, türkischen oder persischen, waren Inspirationsquellen, auf denen der Nationalstaat fußte.

Aber ohne willige Hände wäre dieser neue Staat machtlos gewesen. Moderne Technik ermöglichte, dass der Machtapparat funktionierte. Die Technik wurde nicht nur die Säule des orientalischen Staates, sondern gleichzeitig auch das Instrument der Geschichte und die Waffe Gottes.

Unter dem Osmanischen Reich hatten die lokalen Fürstentümer ihre Blütezeit erlebt. Die osmanischen Sultane konnten durch die Unterstützung der kleinen feudalistisch-tribalistischen Fürsten herrschen. Die Machtverteilung zwischen Zentralregierung und Peripherie war bis zu einem gewissen Grad ausgewogen. Die Zentrale des Imperiums lag weit entfernt, von Istanbul aus konnte man die alliierten Fürstentümer nur mit äußerst langwierigen Reisen erreichen. Die Beamten des Diwans waren nicht immer imstande, Druck auf die lokalen Fürstentümer und Stammesverbände auszuüben. Der ägyptische

Historiker und Publizist Muhammad Anis beschreibt diese Beziehung wie folgt: »In den entfernt gelegenen gebirgigen Territorien war die Osmanische Herrschaft oberflächlich: Der Staat schickte seine Spitzenbeamten und Richter nie in diese Regionen, sondern ernannte – wie zum Beispiel in den arabischen Halbinseln, in Kurdistan, Libanon und manchen Regionen Syriens – vertrauenswürdige lokale Stammesoberhäupter, Anführer oder Fürsten zu Vertretern des osmanischen Sultans und kassierte von ihnen einen jährlichen Tribut. Sogar in wichtigen Verwaltungsprovinzen wie Damaskus, Bagdad und Kairo gab der Osmanische Staat seinen Vertretern nur eingeschränkt Macht.«

Der Staat griff nicht viel in die Angelegenheiten der fern gelegenen Provinzen ein, nur im Fall von Aufständen oder Meutereien reagierte Istanbul schnellstmöglich. Jedes Volk lebte in seiner eigenen Welt. Große Distanzen trennten die gegnerischen Kulturen und Völker voneinander. Dies schuf für die kleinen Völker und die verschiedenen Konfessionen eine gewisse Stabilität und einen Raum, in dem sie sich behaupten konnten. Der Staat im Zentrum herrschte mittels Vereinbarungen mit den kleinen Mächten der Peripherie.

Als aber die Moderne mit ihrem Kriegsgerät, mit Flugzeugen, Panzern und Lastwagen für den Truppentransport Einzug hielt, schmolzen die Distanzen. Mit dem Zusammenbruch des Osmanischen Reiches verschwand auch das Gleichgewicht zwischen Zentrum und Peripherie. Die im Anschluss an den Ersten Weltkrieg neu gegründeten Staaten unter Führung der lokalen Feudalgeschlechter waren schwächer. Und als die britischen und französischen Mandatsmächte ihnen Waffen verkauften, hatten diese Staatsgebilde plötzlich das Monopol auf die damals fortgeschrittenste Technik. Es war von Anfang an klar, dass jede nationalistische Gruppierung, die im Staat die Macht an sich reißen konnte, zum legitimen Besitzer dieser neuen Kriegsausrüstung werden würde und somit zum neuen absoluten Herrscher. Jenen Gruppen oder politischen Mächten, die das Vertrauen des Westens gewannen, fiel der Schlüssel zur neuen Welt samt magischen und mystischen Maschinen und Waffen in die Hände.

Als das Osmanische Reich fiel, erhob jede Nation, jede Ethnie, jede Glaubensrichtung Anspruch auf ihr eigenes, unabhängiges Territorium und wehrte sich, unter »fremder« Herrschaft zu stehen. Aber die Europäer übertrugen die absolute Macht auf die von ihnen ausgesuchten Stellvertreter, damit diese wiederum die unterschiedlichen Identitäten, Nationen und Religionen niederhielten, mit Gewalt in eine neue politische Form pressten und vereinten. Mithilfe von Militärflugzeugen, Panzerartillerie und anderen Waffen wurde das Sykes-Picot-Abkommen auf Kosten der Minderheiten erzwungen. Von da an lag kein rebellisches Territorium mehr außer Reichweite. Der Staat als Machtgebilde wurde schnell, im Gegensatz zu allen anderen, traditionell trägen, Bereichen der Gesellschaft.

Hier liegt der Angelpunkt zur neueren Geschichte des

Orients: Der Staat wird zum Schrittmacher und Taktgeber der Geschwindigkeit, während die Gesellschaft weiterhin im alten Takt der Zeit verharrt. Über Freiheit oder Unterwerfung entscheidet nun das Tempo der Macht, es bekommt eindeutig eine faschistische Natur. Im Westen war die Beschleunigung lange Zeit konnotiert mit einer Gesellschaft, die sich schnell Richtung einer besseren Zukunft bewegte. Im Orient wird sie nun zur Basis jenes Unterwerfungsmechanismus, der sich »moderner Staat« nennt.

Vor den Fliegern, der Artillerie, den Bomben blieb niemand geschützt. Bei der Entstehung der neuen Staaten Türkei, Iran und Irak wurden diese technischen Errungenschaften alsogleich gegen die Kurden eingesetzt. Kurden spielten die Rolle der Labormäuse, an denen die neuen Mächte die Effizienz ihrer modernen Waffen testeten. Die bekanntesten Beispiele dafür sind die Zerschlagung der Revolutionen des kurdischen Herrschers Scheich Mahmud Barzanji in den Zwanziger- und Dreißigerjahren sowie 1931 die Zerschlagung der Revolution der Barzanis. Bei der Niederschlagung des Dersim-Aufstands in der Türkei wurden 1937 auf Befehl Kemal Atatürks etwa siebzigtausend kurdische Rebellen und Zivilisten massakriert. Atatürks Adoptivtochter Sabiha Gökcen, eine der ersten Kampfpilotinnen, bombardierte kurdische Zivilisten sowie Stellungen der Kurden. Um diese Heldentat Sabihas zu würdigen, bei der Kinder, Frauen und Bauern umkamen, wurde der zweitgrößte Flughafen Istanbuls nach ihr benannt.

Auch im Iran wäre die Eroberung der 1946 durch Kurden ausgerufenen Republik Mahabad ohne modern ausgerüstete Armee nicht so leicht vonstattengegangen. Deren kurdische Nationalhymne war eine unmittelbare Reaktion auf jene höhere Macht der neuen Technik. Die Hymne beginnt mit folgenden Worten: »Höre, du Feind, das kurdische Volk und seine Sprache bleiben ewig bestehen, Erfinder der Bomben aller Zeiten können sie nicht zerstören.«

Von der ersten Stunde an stand im Kern der neu entstandenen Staaten im Orient das Militär. Die erste Politikergeneration, die den Auftrag für den Aufbau eines Staates bekam, stammte aus der Armee, oder es waren Zivilisten, denen erfahrene Offiziere zur Seite gestellt wurden. Dies war eine Erbschaft des Osmanischen Reiches, wo der oberste Befehlshaber zugleich das Staatsoberhaupt und Statthalter der Provinzen war.

Den neuen Generälen war die Gleichsetzung von Staat und Armee sehr wohl bewusst. Sie gab ihnen die Verfügung über eine schnelle, zerstörerische und Furcht einflößende Maschine.

Obwohl die Engländer etwa im Irak bestrebt waren, die Streitkräfte nur als eine symbolische, kleine Macht bestehen zu lassen, wuchs unter dem Druck der neuen irakischen Generäle mit unerwarteter Geschwindigkeit eine eigene Armee heran. Im Jahre 1933 zählte sie 1200 Mann, drei Jahre später war die Zahl der Soldaten auf 20 000 Mann gestiegen, und Ende 1938 waren es 43 400 Soldaten. 1932 verfügte der Irak über nur 9 Kampfflugzeuge,

1945 waren es bereits 112. 32 % des Staatsbudgets gingen ans Militär. Zu Saddam Husseins Zeit waren die irakischen Streitkräfte samt Paramilitär und Milizen auf über eine Million Mann angewachsen.

Der Staat im Orient ist keine demokratische Verwaltungsinstitution, die sich allmählich zum Faschismus hin entwickelte. Er wuchs aus dem Wunsch nach Niederhaltung und Auslöschung der kleinen und schwachen Gruppierungen. In seinem Kern ist er eine Unterdrückungsmaschine, gestützt auf die neue Technik, die später schrittweise wächst. Bis heute ist keine Gegenmacht entstanden, die diese zerstörerische Maschinerie demokratisieren kann. Der Wiederaufbau des neuen Irak nach Saddam Husseins Ära hat erneut bewiesen, dass die Verwaltung des Staates nicht anders funktionieren kann als militärisch.

Der orientalische Staat fußt auf dem Weltbild des 19., ja des 18. Jahrhunderts. Gott bleibt auf seinem Thron sitzen. Kein Politiker, kein Dichter, kein Intellektueller oder Wissenschaftler will oder kann Gott für tot oder schwach erklären. Von einem orientalischen Nietzsche keine Spur. Nicht nur das, es erwartet ihn auch niemand. Es ist keine klare Stimme zu hören, die es wagt, Gott für tot zu erklären. Das Osmanische Reich, das sich als Land Gottes verstand, wurde niedergeschlagen, und der osmanische Sultan, der als Vertreter Gottes auf Erden galt, ist längst zu Staub geworden. Aber bis heute hat keine wirksame Macht den Tod des Allmächtigen laut ausgerufen.

Wo liegen die Gründe dafür? Fehlt im Orient der Geist des Prometheus? Eine tiefgreifende Rebellion gegen die Götter stand so gut wie nie auf der orientalischen Tagesordnung. Als das Osmanische Reich zusammenbrach, füllten die neu entstandenen Staaten fortan diese Lücke mit der Überzeugung, sie seien von nun an die Verkörperung des Willens Gottes. Die zerstörerische Technik, über die sie verfügten, bestärkte sie darin, sich als legitime Träger einer göttlichen Botschaft zu präsentieren. Diese allgegenwärtigen und allmächtigen Vertreter Gottes haben den Orient in einen Abgrund der Zerrüttung und des Zerfalls geführt. Nicht nur die großen Diktatoren, sondern auch die kleinen Parteipolitiker sahen sich als Vertreter Gottes auf Erden und ihre Waffen als Waffen Gottes. Wo immer ein Gott als real angenommen wird, dort gibt es auch einen Teufel. Wenn der Staat im Namen Gottes regiert, dann werden die Untertanen, die Abtrünnigen und die Schwachen zu Teufeln ernannt.

Die nationalistischen Machthaber und die bestimmenden ethnischen Gruppen eines Staates fühlen sich zugleich privilegiert. Im Orient wuchs eine Art Rassismus, der sich vom westlichen Rassismus unterscheidet. Jene Völker, die einen eigenen Staat hatten, nahmen eine rassistische Haltung gegenüber jenen Nationalitäten ein, die keinen Staat zugesprochen erhielten und zur Verdammnis verurteilt worden waren. Die Zugehörigkeit zu einer regierenden Nationalität wird gleichgestellt mit der Zugehörigkeit zu einer höheren, überlegenen Rasse. Diese Art von Rassismus zähle ich zu den gefährlichsten Arten des Rassismus: Die staatenlosen Völker wurden von den meisten Grundrechten ausgeschlossen, den politischen, kulturellen und nationalen Rechten. Ihnen wird oft sogar das Pflegen ihrer Sprache und das Tragen ihrer traditionellen Kleidung verboten. Die Entstehung dieser Art von Faschismus wäre ohne den privilegierten Zugang zur Technik unmöglich gewesen. Für die Privilegierten in ihrem Machtrausch wurde Gott zu einem nationalistischen Gott, der Araber, Türken und Perser bemächtigte, gegen andere Völkerschaften und Glaubensrichtungen, gegen Kurden, Jesiden, Juden, Christen, Bahai und viele andere vorzugehen. Sie verwandelten Gott in einen chauvinistischen Gott, der seine universale Bedeutung verlor.

In einem witzigen Gedicht nimmt der kurdische Poet Sherko Bekas das Konzept dieses falschen Gottes aufs Korn: Ein Kurde schreibt einen Brief an Gott, aber er kommt vom Himmel zurück mit der Bemerkung: »Niemand versteht hier Kurdisch. Bitte schreiben Sie nochmals auf Arabisch.«

Das Bild Gottes als Militärmaschine hat sich über ein Jahrhundert hinweg entwickelt. Die Namen von Parteien, Milizen oder bewaffneten Gruppen wie Hisbollah (Partei Gottes), Thaarullah (Vergeltung Gottes), Dschundollah (Soldaten Gottes) drücken genau das aus. Je mehr militärische Technik und neue Waffen die Regionen erreichten, desto häufiger wählten die Organisationen den Namen Gottes für sich.

Wer Gott vertritt, will Einfluss und Macht und beansprucht allerhöchste Legitimität für seine Ziele. Die

Technisierung Gottes ist das entscheidende Merkmal des Wandels, der im Orient geschieht. Hier hat die Moderne Gott nicht verdrängt, sondern Gott hat sich »modernisiert«. Irak und Iran taufen ihre Raketen und andere Waffen auf religiöse Namen, als wolle Gott durch sie seinen Willen vollstrecken. Die Pakistani nannten Abdul Kadir Khan, den führenden Ingenieur ihrer Kernforschung, den »Vater der islamischen Atombombe«.

Einst wurden auch im »christlichen Europa« die Waffen gesegnet. Der Orient ist bis heute auf dieser historischen Entwicklungsstufe stagniert. Missile werden zu immer neuen Gottesbeweisen. Selbstmordattentäter sind fest davon überzeugt, sie führten den Willen Gottes aus. Die Moderne im Orient entzieht Gott alle spirituellen Züge und verwandelt ihn in einen Gott, der Autobomben erschafft. Die Moderne hat nicht bewirkt, dass Gott tot ist. Gott kann hier nicht sterben, er überlebt mittels teuflischer Vernichtungswaffen.

Die Rückkehr des Erlösers

Während einiger Jahrzehnte erlebte das geistige Leben einen plötzlichen Einbruch. Den Orient erfüllt ein neuer Wunsch nach Säkularität, es entstehen liberale und kommunistische Parteien. Da und dort bekennen sich Intellektuelle öffentlich als Atheisten. Es entwickeln sich mehrere Gegenbewegungen zur Religion.

Die kommunistischen Parteien blühen auf mit ihren im Kern religionsfeindlichen Programmen. Der Vorreiter moderner arabischer Lyrik, Badr Shakir as-Sayyab, erzählt in seinem Buch *Ich war ein Kommunist* ausführlich von der kulturellen Atmosphäre in einer bedeutenden Stadt wie Basra im Süden des Irak:

»Ich kann mich erinnern, dass im Jahre 1930 eine Partei mit dem Namen Partei der Ungläubigen gegründet wurde. Mein Großonkel väterlicherseits war einer ihrer Gründer. Die Mitglieder hielten ihre Versammlungen in unserem Wohnzimmer ab. An den Wänden hingen Fotos großer Politiker jener Jahre, wie Jafar Abu al-Timman, Saad Zaghloul und Kemal Atatürk. Neben Sued, meinem Onkel mütterlicherseits, nahm auch Yusuf Salman Yusuf an den Versammlungen teil, der als ›Kamerad Fahd‹ bekannt war und der später die Irakische Kommunistische

Partei gründete. Die Parteien der Atheisten vertraten die Ansicht, dass Religion der Grund für all die Katastrophen und das Unglück der Menschen sei. Hingegen sei Atheismus die Grundlage für Befreiung und ein privilegiertes Leben.

Zu dieser Zeit erschien im Libanon eine Zeitschrift mit dem Titel *Sonne,* die den Atheismus pries und zugleich Artikel veröffentlichte, die gegen den arabischen Nationalismus gerichtet waren. Ihr Chefredakteur Asber Kharib kam in den Irak, besuchte uns zu Hause und machte ein Foto mit unserer Familie. Ich kann mich erinnern, dass auf dem Titelblatt der Zeitschrift stand: ›Die Krankheiten des Orients sind seine Religionen‹. Die Atheisten bewunderten die Sowjetunion und Stalin. In ihren Reihen gab es einen ungebildeten Bauern namens Abullatif, der sich aber Litwinow rufen ließ.«

Diese Atmosphäre war auch an vielen anderen Orten im Orient zu spüren. Der Versuch, für Gott einen Ersatz zu finden, war ernsthaft und historisch neuartig. Heute, hundert Jahre später, muss man feststellen, dass auf diesen Versuch eine historische Niederlage folgte. Dieser Traum war von kurzer Dauer. Diese von as-Sayyab in der ersten Hälfte des vergangenen Jahrhunderts beschriebene Bewegung ist zu einem Mythos geworden.

Denn in den postkolonialen Staaten sind inzwischen öffentliche Versammlungen von Atheisten sowie öffentliche Verbreitung von antireligiösen Ansichten nicht nur unerwünscht, sondern auch rechtlich ein Delikt. In der zweiten Hälfte des 20. Jahrhunderts kehrten Gott und dessen bewaffnete Männer wutgeladen auf äußerst brutale Weise zurück.

Die Entstehung der religiösen Bewegung und Herrschaft in der zweiten Hälfte des 20. Jahrhunderts wurde vielfach untersucht. Diese Forschungen schildern, wie die religiösen politischen Parteien wieder Einfluss und Rückhalt gewannen. Als Gründe für die Wiederauferstehung des Islam werden viele Faktoren genannt: die Werke von Schriftstellern wie Sayyid Qutb, Said Nursi, Ali Shariati, die Auseinandersetzung zwischen Arabern und Israelis, auf die Eroberung Afghanistans durch die Sowjetunion und die Unterstützung der religiösen Bewegungen durch den Westen.

Für mich gibt es jedoch wesentliche zusätzliche Faktoren, die die Rückkehr Gottes ermöglichten. Bisher wenig beachtete spirituelle und geistige Gründe haben den Boden für die Wiederbelebung der Religion geebnet.

Als das Osmanische Reich zerfällt, erfasst eine leidenschaftliche Suche nach Alternativen zur Religion den gesamten Raum. Die Absicht, Religion von Politik zu trennen und den Staat auf einem säkularen Fundament aufzubauen, verbreitet sich wie ein Buschfeuer. Aber dieser neue Trend wächst innerhalb einer Gesellschaft, in der Wissenschaft, Bildung und Kultur noch nicht ausreichend gereift sind. Der Orient wird mit einem Paradox konfrontiert, mit einem Problem, das keine Lösung hat: Das politische Bewusstsein hat das wissenschaftliche überholt. Während die Politik davon träumt, den Weg des Westens einzuschlagen, gibt es im gesamten Orient keine einzige gute Universität. Eine Alternative zur Religion wird gesucht, obwohl keine andere Ideologie bereitsteht, die aus dem Inneren der Gesellschaft entstanden ist und als eine herangereifte Geisteshaltung bereitsteht.

So kommt es, dass dieser Säkularismus, der im Orient entsteht, sich nicht weit von den Formen und Inhalten der Religion entfernen kann. Jegliche Alternative zur Religion musste deren wichtigste Eigenschaft vorweisen können: den Glauben. Um auf Gott verzichten zu können, musste ein Glaubensersatz gefunden werden. Die Menschen mussten daran glauben können, dass dieser Ersatz für Gott eine anerkannte Macht war, der man vertrauen konnte. Die Religion bot eine einfache, eindeutige Erklärung für die Welt. Unter ihrem Licht wusste jeder einfache Mensch, woher er kam, wohin er ging, welche Rechte und Pflichten er hatte. Jede Alternative zu Gott musste eine solche Klarheit vorweisen können. Sie musste klare Regeln vorschlagen und eine Macht ausstrahlen, die greifbar war und der man vertrauen konnte. Sie musste eine Intimität anbieten, um die Leere durch die neue Abwesenheit Gottes zu füllen. Denn im Orient, dem Boden der Propheten, der Tausende Jahre in tiefem Glauben versunken war, hatte eine radikale Alternative zu Gott keine Chance.

Im Westen waren nach der Aufklärung die Alternativen für Gott so stark, dass die Religion bis zu einem gewissen Grad gezwungen wurde, sich hinter die Mauern des Vatikans zurückzuziehen. Die Natur, wie sie Darwin beschrieb, war eine dieser mächtigen Alternativen. Das

Konzept der historischen Entwicklungsgesetze, wie bei Marx, war eine weitere. Der Mensch selbst, mit seinen wissenschaftlichen Errungenschaften, seiner Kunst, Literatur und Musik stellte sich als schöpferisches Wesen in den Vordergrund und betrat als Alternative zu Gott die Bühne.

Aber im Orient waren die Alternativen nicht stark genug, Gott von seinem Platz zu verdrängen. Der Glaube an sich selbst, die Einsicht in die Natur, die Überzeugung einer nach Regeln voranschreitenden Geschichte waren zu schwach entwickelt.

So geschah es, dass der angezweifelte Gott rasant und wütend in politischer und faschistischer Form zurückkehrte. Damit der Mensch das Göttliche in sich finden und erkennen könne, müsse er stark, standhaft und schöpferisch sein, heißt es. Er müsse die Attribute, die Gott zugesprochen werden, in sich vereinen.

Der Teilsieg der Menschen im Westen über Gott ist darauf zurückzuführen, dass sie in Wissenschaft, Philosophie und Kunst ohne Unterbruch schöpferisch tätig waren und Lösungen für Schwierigkeiten und offene Fragen fanden, ohne auf die Hilfe Gottes zurückzugreifen.

Hat der Umstand, dass es im Orient nicht gelungen ist, Gott zu besiegen, damit zu tun, dass die Menschen sich hier als schwach und nicht schöpferisch empfinden? Eine solche Frage ist bestimmt heikel zu erörtern und wirkt diskriminierend. Wie aber kommt es, dass ich des Öfteren bei Versammlungen und Vorträgen von Intellektuellen und Künstlern folgende Fragen gehört habe: Wo ist unser Mozart? Warum haben wir keinen Balzac? Warum hat unsere Gesellschaft keinen Dickens hervorgebracht? Warum gibt es bei uns niemanden wie van Gogh? Diskriminierung muss sich nicht zwingend gegen andere richten, gegen eine fremde Rasse, Religion und Hautfarbe. Die schlimmste Art der Diskriminierung ist, wenn sich ganze Volksgruppen selbst als unbedeutend und unfähig empfinden, wenn ein Opfer meint, es verdient zu haben, Opfer zu sein, und dabei herablassend auf sich herunterblickt.

Das allgegenwärtige Klima der herrschenden Diskriminierung im Orient ist auch das Resultat eines herabsetzenden Blicks auf sich selbst. Selten wird hier über Erfolg nachgedacht, ohne dabei den Beistand Gottes ins Spiel zu bringen. Wenn dem Menschen etwas gelingt, ist es Gottes Wille – dieses Denken ist hier tief im Menschen verankert. Gott ist der aktiv Handelnde, während der Mensch sich passiv an der Peripherie bewegt.

Eine wesentliche Frage muss hier aufgeworfen werden: Warum ist es in der kurzen Phase der aufblühenden atheistischen Bewegungen nicht gelungen, die Stellung und das Selbstbild des Menschen zu stärken? Warum wird Gott in den Hintergrund gerückt, aber der Mensch nimmt nicht seine Stelle ein?

Kann man dafür nur die Marxisten verantwortlich machen, da sie in dieser Phase, statt über den Menschen als Individuum zu sprechen, nur über das Volk und Klassen gesprochen haben? Bestimmt ist das eine der wesentlichen Ursachen für das Scheitern.

Als Ende der Siebzigerjahre die »Islamische Revolution« im Iran ausbricht und Gott als ein verheerender, politischer Sturm erneut durch den Orient fegt, hatte das Land, obwohl unter einer grausamen Autokratie leidend, fünfzig Jahre lang eine Blüte in Literatur, Musik, Malerei, Architektur und Bildhauerei erlebt. Aber diese Entwicklung war nicht ausreichend, um den Menschen ins Zentrum des Weltbilds zu stellen. Die Islamische Revolution im Iran erhob sich nicht aus der Leiche des Schah-Regimes, sondern aus dem Grab eines Menschenbildes, das dem Menschen nicht zutraute, Gott zu ersetzen. In diesem Sinne war die Islamische Revolution im Iran eine unheilvolle Botschaft an den ganzen Orient.

Wie konnte es dazu kommen?

Im 20. Jahrhundert entstehen in der Phase des Postkolonialismus zahlreiche diktatorische Staatengebilde. Die neuen Machthaber bauen auf das Bild des starken Menschen. Diktatoren malen ihre Rolle gerne so, als gäbe es eine Leiche, der sie wieder Leben einhauchen. Der Schah des Iran nannte seine Partei Rastachiz – Wiederauferstehung. Auch die nationalistischen Araber nannten ihre Partei Baath, was »zum Leben erwecken« bedeutet. Ergenekon hat im türkischen Faschismus die gleiche Bedeutung. Die Rede vom Gemeinschaftskörper, der gestorben ist und nun mit aller Kraft wiederaufersteht, gehört zentral zur Propaganda orientalischer Nationalisten. Die Inszenierung des starken Iraners, des unbesiegbaren Türken, des stählernen Arabers wird zu einer wichtigen Botschaft der staatlichen Medien. Aber diese Stärke ist nur symbolisch. Die Vorstellung vom starken Menschen wird nicht mit dem Konzept des freien, denkenden Menschen verbunden, der Rechte hat und schöpferisch ist. Als stark gilt im diktatorischen System, wer feindliche Nationen zu besiegen vermag, der Mensch mit kriegerischem Kampfgeist. Dieses Konzept von Stärke entspricht jenem religiösen Narrativ, wonach der Glaubensstarke den Ungläubigen besiegt. Dies wiederum bedeutet: Das Bild eines starken Menschen hat weder philosophische Wurzeln noch eine Rechtsgrundlage.

Wo ein starker Mensch auf das Bild eines Kämpfers reduziert wird, gilt die Regel: Nur der größte und stärkste Kämpfer kann Gottes Stelle einnehmen. So legitimiert sich der Diktator. Er ist Nietzsches Übermensch.

Kemal Atatürk stellt sich als Erster als gottesgleich aufs Podest. Er ist das Beispiel für eine diktatorische Revolution gegen Gott. Ein säkularistischer und faschistischer Nationalist, der versucht, Minderheiten und nichttürkische Sprachgruppen zu »türkisieren«. Er will die Spuren der Religion in der Türkei verwischen und Gott aus dem kulturellen und politischen Leben verbannen, krönt sich aber selbst zum neuen Gott. Er ist der legendenumwobene, starke Anführer, der die Freiheit bringt, die Europäer besiegt, die Griechen vertreibt, die Kurden massakriert und Hunderttausende umsiedelt, damit sie mit den Türken verschmelzen. Er will den Platz der Götter vorangegangener Jahrhunderte einnehmen. Bis heute sind die Zeichen der Verherrlichung und Vergötterung

Atatürks überall in der Türkei zu sehen. Auch der Schah des Iran verbreitet diesen Mythos. Und mit Saddam Hussein erreicht dieser neue Kult seinen Höhepunkt.

Diese Verknüpfung des Bildes vom »starken Menschen« mit dem Diktator wirkt fort als neues, bleibendes Hindernis auf dem Weg zu einem neuen Menschenbild, das den Menschen als Alternative zu Gott sieht. Die Diktatoren sind zwar stark, prägen ihr Bild in die Fantasie der einfachen Menschen ein, aber sie sind gnadenlos, gefährlich, ungerecht, stehlen die Ressourcen des Landes für sich und ihre Angehörigen, benutzen ihre Sicherheitskräfte und die Armee zur Repression. Von »göttlichen Eigenschaften« ist da keine Spur. Folglich wird ihr Handeln im Gros der Bevölkerung als teuflisches Werk betrachtet. Der starke Mensch, der den Platz Gottes einnehmen wollte, übernimmt nun aus Sicht der Mehrheit der Bevölkerung den Platz des Teufels. Das Bild des Schahs als Teufel war eine starke religiöse Waffe während der Islamischen Revolution im Iran, denn dieser Teufel kann nur durch göttliche Macht in seine Schranken verwiesen werden.

Obwohl die diktatorischen Systeme im Orient über die Medien ein starkes Volk propagieren, erleiden die Menschen einen systematischen Zerstörungsprozess. Stark wird nur genannt, wer Kämpfer für den Staat ist. Dieses System weckt im gesamten Orient in jedem einzelnen Bürger das Gefühl, er sei dem Staat und der führenden Partei gegenüber ein schwaches Lebewesen. Die Staatsapparate haben es sich zur Aufgabe gemacht, die

Bürger zu brechen. Sie werden in Gefängnissen bis zur Destabilisierung gefoltert, werden ohne fairen Gerichtsprozess verurteilt. Ob in der Schule, der Moschee, im Krankenhaus, im Polizeipräsidium – all diese Einrichtungen vermitteln den Bürgern das Gefühl, sie seien bedeutungslose Geschöpfe.

Wer bis zum Äußersten erniedrigt wurde, ist bald nicht mehr in der Lage, sich als Ersatz Gottes zu betrachten. Wer weder Rechte hat noch Freiheit genießt, noch es wagen kann, seine Stimme zu erheben, entwickelt leicht den tiefen Wunsch nach einem Gott, der ihn vor dem Staat schützt. Da ihn kein irdisches Gesetz vor der Grausamkeit des Staates bewahrt, findet er in Gott die einzige Macht, die ihn gegen den Staat in den Krieg führt.

In dieser Vorstellung wird Gott der Gegenpol zum Staat. Die Rückkehr Gottes im Orient geschieht unter anderem dadurch, dass der gebrochene Mensch in dieser Region eine als legitim empfundene Waffe benötigt, die er gegen den Staat einsetzen kann. Wäre kein erbarmungsloser Krieg zwischen Bürgern und dem Staat ausgebrochen, so wäre die Rückkehr Gottes in einer so faschistischen und streitsüchtigen Form nicht möglich gewesen. Gott und dieser gebrochene Mensch bedingen einander. Gott ist die zerstörerischste Waffe, die gegen den Staat eingesetzt werden kann. Der gebrochene Mensch ist die beste Leiter, über die Gott hinaufklettern und auf seinen Thron zurückkehren kann.

Dass der Orient heute in Religion versunken ist, liegt nicht daran, dass die Menschen gläubiger wären als im

Westen, oder dass sie hier weniger vernunftorientiert oder schöpferisch sind. Es liegt daran, dass der Staat im Orient den Schutz der Menschen Gott allein überlassen hat. Die Menschen benutzen ihn als ihr Schutzschild.

Ein weiterer wesentlicher Grund für das Scheitern des Säkularisierungsprozesses war der Bruch mit der Natur.

Die orientalischen Säkularisten und Atheisten zu Beginn des 20. Jahrhunderts führten – in unausgereifter Form, um die westlichen Atheisten nachzuahmen – den Begriff der »Natur« ins Feld. Sie präsentierten die Natur als Alternative zu Gott: Sie hat den Menschen erschaffen, sie nährt ihn, sie hat uns die Moral eingepflanzt. Es war dies der Versuch, eine überzeugende Alternative zu Gott zu schaffen, an die die Menschen glauben konnten. Wer nicht an Gott glaubte, sah die Natur als Quelle allen Seins.

Aber dies war die wissenschaftliche Überzeugung einer Minderheit. Das Dilemma dieser These aus soziologischer Sicht ist, dass sie in einer Zeit aufkam, in der sich das Verhältnis zwischen Mensch und Natur in einer tiefen Krise befand. Diese These konnte das Bild des Schöpfers nur bei jenen ändern, die an Wissenschaft glaubten. Auf jene aber, die auf der Suche nach einem Schöpfer waren, der ihnen direkte Anweisungen gibt, ihnen vorschreibt, was sie zu denken haben und was moralisch richtig ist, hatte sie wenig Wirkung. Denn Gott ist in der Vorstellung des orientalischen Gläubigen jener Schöpfer, der unsere Bedürfnisse stillt und der auch klare Anforderungen an uns stellt. Die Natur ist keine Macht, die denkt und überlegt, sie hat keine klar ersichtliche Moral. Zwischen den Schwachen und den Starken wählt sie die Stärkeren. Sie ist blind und macht keinen Unterschied zwischen Gut und Böse.

Diese Alternative war weit entfernt davon, die mentalen Bedürfnisse so gut zu befriedigen wie jener Gott, den der Islam präsentiert. Die Natur kann weder Gut und Böse unterscheiden, sie bietet kein klares System von Belohnung und Strafe, noch hebt sie Freund oder Feind hervor. Die Natur ist eine Macht, an die nur ein Verstand glauben kann, der mit der Wissenschaft aufgewachsen ist.

Noch weitere Hürden verhinderten, dass die Natur als Alternative zu Gott betrachtet werden konnte. Mit dem Einmarsch der kolonialistischen Mächte und der Entstehung der modernen Staaten begann das Ausufern der Städte. Seither befindet sich der Mensch in einem stetigen Prozess des Bruchs mit der Natur. Die Städte breiten sich auf unnatürliche Weise aus, Bauern wandern in Schwärmen in die Städte ab. Es entstehen unzählige neue Berufe, die das Ansehen der Landwirtschaft mindern. Dieser schwindende Wert des Lebens im Dorf hat unzählige Gründe, die von einer Region zur anderen variieren, das Resultat jedoch bleibt dasselbe. Über die Landflucht wurde sowohl im Orient als auch im Westen viel geschrieben. Es wird aber nicht ausreichend darüber gesprochen, dass dieser Prozess ein Hinweis auf ein neues Verhältnis zwischen Mensch und Natur ist.

Die Natur war zuvor ein Zufluchtsort, wo die Bauern eine gewisse Unabhängigkeit genossen. Ihre Beziehung zum Boden gab ihnen das Gefühl, eine ewige Quelle des Lebens und ihres Überlebens zu besitzen. Dort war das Leben in seiner einfachsten Form möglich. Mit dem Wachsen der Städte wurden die Dorfbewohner zu einer unerwünschten Gesellschaftsschicht. Dörfer verwandelten sich in stagnierende Orte, wo es keine Schulen und Krankenhäuser, keine Grundversorgung für ein modernes Leben gab.

In den Städten wiederum wurden die Dörfler als Bürger zweiter Klasse angesehen. Mündliche Überlieferungen, Literatur, Filme und Fernsehserien zeichnen Dörfler als Witzfiguren. Bauernwitze zu erzählen, wird zum heiteren Zeitvertreib der Städter. Aus der Nähe zur Natur werden Zeichen der Unwissenheit, der Ungepflegtheit und geringer Zivilisierung. Parallel dazu verlieren die Produkte der lokalen Landwirtschaft an Wert. Der Straßenbau, die Entwicklung internationaler Handelsrouten und der industrielle Aufschwung setzen die Bauern mit ihren Feldfrüchten einer großen Konkurrenz aus. Sowohl in der Stadt wie auch im Dorf geht der Glaube an die Natur verloren.

Wenn wir den Irak als Beispiel nehmen, stoßen wir auf einen seltsamen Zustand. In den Vierziger- und Fünfzigerjahren lassen sich die abgewanderten Bauern in Wellblechbaracken oder in Hütten aus Schilfmatten am Rande der Stadt nieder. Ihr Leben wird untragbar. Intellektuelle und Schriftsteller der Zeit erheben ihre Stimmen und fordern dazu auf, diesen Menschen ein würdiges Leben zu sichern. Am 15. Juni 1945 beschreibt Nuri Kashif al-Ghita im Magazin *Alam al-Ghad* ausführlich den Zustand dieser Zuwanderer mit den Worten, dass dort, wo diese Menschen leben, sich nicht einmal Tiere wohlfühlen. Auch renommierte Dichterinnen und Dichter wie Nazik al-Malaika, Muhammad Mahdi al-Jawahiri, Hussein Mardan verfassen Gedichte über diese Tragödie. Außergewöhnlich war, dass die Zuwanderer diesen tragischen Zustand besser fanden als die Rückkehr in die Dörfer, und somit in die Natur. Der Staat setzte sogar Gewalt ein, um diese Menschen in ihre Dörfer zurückzudrängen, aus Angst vor Ausbreitung von Krankheiten und vor zu vielen Bettlern in den Straßen der Hauptstadt. Die Zuwanderer aber wollten lieber an einem Ort leben, wo die Bildung der Kinder und die medizinische Versorgung durch die nahe gelegenen Krankenhäuser gesichert waren. Die Natur, einst als Leben spendende Mutter angesehen, verlor nun mehr und mehr an Wert und wirkte abstoßend und Unheil bringend auf jene, die sich dort aufhielten. So verlor sie ihre Leben spendende, schöpferische, spirituelle Rolle. Der Boden und die Arbeit auf den Äckern konnten den Lebensunterhalt der Dörfler nicht mehr sichern. So eine Natur kann unmöglich Gott ersetzen. Je größer die Städte wurden und je mehr staatliche Einrichtungen sich dort konzentrierten, umso tiefer wurde die Kluft zur Natur.

Die Ausweitung der Städte war, im Gegensatz zum Westen, nicht eine Folge der Industrialisierung. Die meisten Großstädte im Orient können nicht als Industriestädte im westlichen Sinne betrachtet werden. Ihr Wachstum beruht eher darauf, dass die neu entstandenen modernen Staaten dort die Grundversorgung konzentrierten und dem Großteil der Dörfer Errungenschaften wie Wasser-, Strom- und medizinische Versorgung verwehrten. Da alle Zukunftsprojekte in den Städten realisiert wurden, hatten die Dörfler dort mehr Hoffnung auf die Erfüllung ihrer Träume von Broterwerb.

Der moderne Staat im Orient benötigte gut ausgerüstete Streitkräfte, eine starke Polizei sowie wirkungsvolle Sicherheitsapparate und Nachrichtendienste. Im Irak verließen die Bauern in Scharen ihre Äcker und Dörfer. Die meisten wurden arbeitslos oder zu Soldaten, Polizisten oder Staatsbediensteten, die Teil der Sicherheitsapparate waren.

Solange die Menschen in die Natur eingebunden waren, war ihnen Gott noch kein rein politisches Werkzeug. Er war für Regen, Dürre und Wohlergehen verantwortlich und wurde nicht mit einer bestimmten Ideologie in Verbindung gebracht. Begriffe wie »Nation der Muslime« oder »islamische Gemeinschaft« entstanden nicht in den Dörfern. Die meisten Dörfer im Orient sind klein, die Bewohner kennen einander und hatten es nicht nötig, sich zu einer politischen Gruppe zusammenzuschließen. Die Zuwanderung aus den Dörfern in die Städte löste das Zugehörigkeitsgefühl dieser Menschen auf. Die alten gesellschaftlichen, familiären und nachbarschaftlichen Bindungen wurden schwächer. Der Dörfler stand in keiner

Beziehung mehr zu den kleinen, ihm bekannten Gruppen. Ihm blieb nichts anderes übrig, als zu versuchen, sich unter die Masse zu mischen. Parteien und Moscheen boten diesen Menschen offene Türen, um sich eine neue Identität zu suchen.

Unter den städtischen Verhältnissen verschob sich allmählich die Rolle der Religion. Wo es früher um ein spirituelles Bedürfnis oder um die persönliche Beziehung des Menschen zu seinem Gott gegangen war, antwortete sie nun eher auf das psychische Bedürfnis, sich vor Ängsten und Wertlosigkeit zu schützen. Im Dorf ging der Mensch seinen religiösen Pflichten nach, um Gott zufriedenzustellen, nun empfand er das Bedürfnis, sich einer Gruppe zugehörig fühlen zu können. In den Stadtmoscheen versammelten sich Tausende Menschen, hier hörte man die neuen Begriffe von Gemeinschaft, Nation und Dschihad.

Jener Gott, der in den Städten herrschte, war nicht nur zuständig für Regen, Flut und gute Ernte, er schenkte eine neue Identität und schuf eine neue soziale Umgebung für jene kleinen Leute, die sich verloren fühlten oder sich bereits verloren hatten. Die Leere, die die meisten Bauern in den Städten verspürten, ließ die Parolen von der »Nation der Muslime« und der »islamischen Gemeinschaft« magische Wirkung auf sie ausüben. Die Stadtmoscheen ersetzten die kleinen, übersichtlichen Dorfgemeinschaften. Sie schenkten all jenen Kraft, die sich zwischen den Mühlsteinen zwischen Stadt und Land zerrieben fanden.

Ohne diesen Bruch zwischen Menschen und Natur

ist meiner Ansicht nach der stürmische Aufstieg der religiösen Bewegungen nicht zu verstehen. Der politische Islam ist das Resultat des uneingeschränkten Ausuferns der Städte. Ohne diesen Prozess der Entwurzelung wäre die Entstehung der faschistischen Religion im Orient unmöglich gewesen.

Die Rückkehr dieses politischen Gottes hat noch eine dritte Säule. Die Ohnmacht angesichts der historischen Umwälzungen ließ den Glauben an das Übersinnliche zusätzlich anwachsen. Die Geschichte der Region ist in ihrem gesamten Verlauf geprägt von unerwarteten und unvorhersehbaren Ereignissen. Eine irgendwie geartete Mitbestimmung des einfachen Menschen gibt es nicht, der historische Ablauf wirkt wie von einer großen übersinnlichen Macht gesteuert.

In den Anfängen des 20. Jahrhunderts verbreitete sich zunächst das starke Gefühl, dass die Völker selbst über ihr Schicksal entscheiden könnten. Es entstand der Eindruck, die Völker im Orient wären in der Lage, selbst die Geschichte in eine Richtung zu lenken, sodass ihre Träume und Wünsche in Erfüllung gehen könnten. Die Marxisten fügten dem Lexikon des orientalischen Denkens den Begriff der »Triebkraft der Geschichte« hinzu. Zuvor war für die Muslime Gott allein diese »Triebkraft« gewesen. Als die liberalen Parteien, die Marxisten und die atheistischen Bewegungen erblühten, wurde der Mensch als Triebkraft ins Zentrum gestellt. Dieser Optimismus war allerdings nur von kurzer Dauer. Die breite Bevölkerung begriff sehr schnell, dass sie so gut wie nie Einfluss auf historische Geschehnisse hatte. Die Vorstellung vom Individuum als Herr seines Schicksals verblasste rasch. Der Zweite Weltkrieg, die Gründung des Staates Israel, die arabische Niederlage im Krieg von 1948, die wiederholten Militärputsche in den meisten arabischen und muslimischen Staaten waren Ereignisse, die als Verhängnisse empfunden wurden und hinter denen keine Logik zu erkennen war.

In der zweiten Hälfte des 20. Jahrhunderts verschwand der Glaube an die Steuerbarkeit der Geschichte durch den einfachen Menschen bald ganz. Innerhalb einiger Jahrzehnte scheiterten jene historischen Persönlichkeiten, die propagiert hatten, sie könnten die Zügel der Geschichte in die Hand nehmen. 1953 wurde Mohammad Mossadegh, der gewählte Premierminister des Iran, von den USA und Großbritannien gestürzt, nachdem er die Ölindustrie verstaatlichen wollte. Adnan Menderes, frei gewählter Ministerpräsident der Türkei, wurde 1960 von den Militärs gestürzt und dann hingerichtet. Abd al-Karim Qasim, gewählter Premierminister des Irak, wurde 1963 von der Baath-Partei gestürzt. Gamal Abdel Nasser erlitt im Krieg von 1967 gegen Israel eine katastrophale Niederlage. Der Nahe und Mittlere Osten wurde zum permanenten Kriegsschauplatz und zur Bühne der Auseinandersetzungen zwischen dem kommunistischen Ostblock und dem Westen. Beide kontrollierten aus der Ferne wie zwei übersinnliche Mächte das politische Leben der Region.

Alle Ereignisse nach Ende des Zweiten Weltkriegs bis zur Machtübernahme durch die Mullahs im Iran schienen dagegenzusprechen, dass der Mensch sich eine glänzende Zukunft nach eigenem Wunsch sichern und das eigene politische System bestimmen könne. Die Geschichte wurde zur Bühne bedrohlicher, finsterer, blutiger Dramen. Die Zukunft schien unvorhersehbar und nicht steuerbar zu werden. Hoffnungslosigkeit überschattete auch die Literatur der Sechziger- und Siebzigerjahre. Neue Katastrophen und verheerende Kriege lagen in der Luft.

Die Auseinandersetzungen wurden auf allen Ebenen blutiger: zwischen Arabern und Israelis, zwischen Kurden und Arabern, zwischen Türken und Kurden, zwischen den Rechten und den Linken, dem Militär und den Politikern, zwischen den Staaten der Region. Die Konflikte und Krisen wirkten unlösbar. Bereits in den Sechziger- und Siebzigerjahren konnten die Menschen jenen Rauch riechen, der ab den Achtzigerjahren bis in unsere Gegenwart hinein Feuer fing.

Die Menschen standen vor geschlossenen Türen und vor dunklen Horizonten, sie ähnelten den Helden des antiken griechischen Theaters. Die Ohnmacht führte sie zum Warten auf eine Lösung durch Gott. Das antike griechische Theater kennt diesen Zustand als Deus ex Machina: Der Held ist gefangen in einem unlösbaren Konflikt und wird durch die Macht der Götter, die in einer Theatermaschine über die Bühne schweben, gerettet.

Ohne dieses Warten auf Gott und den Verlust des Glaubens an sich selbst lässt sich die Geschichte des Orients in den vergangenen fünfzig Jahren nicht verstehen. Die iranische Revolution war seit dem Untergang des Osmanischen Reichs der folgenschwerste Einschnitt. Die Iraner waren auf der Suche nach einem Messias. Die Allahu-akbar-Rufe von Millionen von Menschen auf iranischen Straßen waren die Rufe nach übersinnlichen Kräften. Ein Deus ex Machina möge herniederkommen und die unlösbar scheinenden Krisen des Iran entknoten. Zum ersten Mal hatten hier Revolutionäre das Gefühl, ihre Richtlinien direkt von Gott zu erhalten. Zum ersten Mal seit Langem führten sie ihren Krieg nicht im Namen der Geschichte, der Nation oder einer bestimmten Gesellschaftsschicht, sondern im Namen Gottes. Ruhollah Chomeini bezeichnete selbst die Revolution als »Geschenk Gottes« und den Sieg als »Sieg Gottes«.

Gott ist zurückgekehrt, nicht weil die Menschen im Orient ohne Religion nicht leben können, sondern weil die Politik Umstände erschaffen hatte, in denen die Menschen nicht ohne die Idee des erlösenden Retters leben konnten. Der Mensch im Orient ist nicht gläubiger oder religiöser als jeder andere Mensch dieser Welt. Aber er ist durch die Umstände schwerer gebrochen, seines Selbstbewusstseins beraubt, und er hat weniger Anlass zur Hoffnung auf den Ausbruch aus der Erstarrung.

Im Spiegel der Selbsterkenntnis

Vor Hitlers Machtübernahme, im Jahre 1932, begann der damals siebenundzwanzigjährige Elias Canetti sein Theaterstück *Komödie der Eitelkeit* zu verfassen. Eine dunkle Epoche war im Anmarsch, deren Umrisse noch nicht klar zu erkennen waren. In Europa wuchsen die Nationalismen, totalitäre Ideologien hatten fast überall den Verstand vieler Menschen manipuliert, Individualität und Menschenwürde schienen auf dem Rückzug. 1934 wurde das Theaterstück in Wien vollendet. Wie die meisten anderen Städte Europas auch, war Wien von faschistischem Gedankengut durchdrungen. Der Inhalt des Theaterstücks ließ aufhorchen: Was, wenn der Mensch sein Abbild nicht sehen könnte?

Es handelte vom Leben im Schatten eines totalitären Systems, das den Menschen verbot, die eigene Spiegelung zu betrachten. Von einem Land, in dem Spiegel, Fotoapparate und jegliche Mittel verboten wurden, die den Menschen die Möglichkeit gaben, einen Menschen bildhaft zu zeigen. Solche Abbildungen wurden mit der Todesstrafe geahndet. Canetti schildert eine Gesellschaft ohne Ich-Bezug. Wer sich selbst nicht betrachten kann, formt ein unrealistisches, ungesundes Bild von sich selbst.

Jener Zustand, von dem Canetti spricht, ist eine Metapher für seine Zeit.

Außerhalb der westlichen Geschichte, im Orient gelesen, trägt dieses Theaterstück eine andere Botschaft. Das Fehlen eines Spiegels, die Angst vor ihm, die Furcht, sich selbst zu betrachten, ist in der orientalischen Kultur ein realer Zustand. Es geschieht nicht in einem Theater, sondern auf der realen Bühne der Geschichte.

Wenn ich über den Orient nachdenke, sehe ich ihn als eine Welt, der die Selbstbetrachtung fehlt. Wenn hier Gesellschaften sich im Spiegel betrachten, so sehen sie ein Trugbild. Fehlt uns der richtige Spiegel, in dem wir unser wahres Gesicht erkennen können? Wissen wir darum nicht, wer und wie wir sind?

Eigenartig, dass die wesentlichen Fragen, die uns den Denkanstoß zur Selbstreflexion geben, selten gestellt wurden. Dieses Problem teilen sich die arabischen, persischen, türkischen, kurdischen Kulturen. Die Selbstreflexion ist sehr schwach entwickelt. Jenen wahren Spiegel, der in dem Theaterstück verboten wird, will im Orient niemand verwenden.

Im Allgemeinen können wir zwei Arten von Kulturen unterscheiden: Die eine ist die narzisstische Kultur, in der der Spiegel eine wesentliche Rolle spielt, wo Menschen und Gesellschaften nicht leben können, ohne sich selbst zu betrachten und zu ergründen. Das Gegenstück dazu ist jene Kultur, in der Individuen und Gesellschaften aus vielfältigen Gründen ihr wahres Ich nicht sehen oder erkennen wollen.

Im Jahre 1917 schrieb Stefan Zweig in einer kurzen Rezension mit dem Titel *Das Drama in tausendundeiner Nacht:* »Die Entdeckung des Ostens bedeutet die letzte der drei gewaltigen Erweiterungen des europäischen Horizonts. Die erste große Entdeckung europäischen Geistes war in den Tagen der Renaissance die der Antike, der eigenen großen Vergangenheit. Die zweite, fast gleichzeitige Entdeckung war die der Zukunft: Amerika tauchte auf hinter einem bisher unendlich gewähnten Ozean. In gewaltige Ferne rückte sich der Horizont, unbekannte Länder, fremde Vegetationen wirkten aufreizend auf die geweckte Fantasie und füllten den europäischen Geist mit neuen Voraussetzungen und unbegrenzten Möglichkeiten. Die dritte Entdeckung, die nächstliegende, von der man eigentlich nicht recht begreift, wieso sie so spät gekommen, war die des Ostens für Europa. Alles, was ostwärts lag, blieb uns durch Jahrhunderte in Geheimnis gehüllt; vom Orient, von Persien, Japan und China kamen nur zweifelhafte und fast legendäre Berichte herüber, und selbst Russland, das benachbarte, dämmerte bis in unsere Zeit im seltsamsten Nebel der Fremdheit. Noch heute sind wir hier mitten im Anfang eines geistigen Erkennens, das durch diesen Krieg in gewaltsamer und darum vielleicht nicht genug objektiver Weise beschleunigt wurde.«

Zweigs Überlegungen sind aus der Sicht eines westlichen Autors tiefschürfend und berechtigt. Sie sind ein Teil der westlichen Betrachtung des eigenen Inneren.

Eigenartig ist, dass viele orientalische Intellektuelle

diese Sichtweise übernommen haben. Sie stellen immer wieder eine ähnliche Frage wie Zweig, nämlich: Warum kann uns der Westen nicht verstehen?

So können wir es bei Intellektuellen wie Dariush Shayegan, Seyyed Hossein Nasr, Hassan Hanafi, Mohammed Abed al-Jabri und Edward Said beobachten. Sobald es aber um die Sichtweise des Orients auf sich selbst geht, stoßen sie selten zum Kern des Problems vor. Dass der Orient es vernachlässigt, sich selbst auszulegen, ist eine politische und kulturelle Grundfrage, die sehr bedenklich ist und ergründet werden muss.

Ich möchte mit Canettis Idee ein wenig spielen: Um den orientalischen Gesellschaften Angst einzujagen, muss man den Spiegel nicht verbieten, sondern umgekehrt, überall Spiegel aufstellen. Die Präsenz des Spiegels ist bedrohlicher als sein Fehlen.

Der Hauptgrund für diese Angst vor Selbstreflexion ist auf die Bedingungen zurückzuführen, die nach dem Zusammenbruch des Osmanischen Reichs herrschten. Es war ein Augenblick des historischen Schreckens.

Die orientalischen Intellektuellen wussten nach dem Niedergang des Osmanischen Reichs nicht, welche Richtung sie einschlagen sollten. Als die Franzosen und die Engländer vom Süden, Norden und dem Westen in das Innere der Region vordrangen, war sie bereits in vielerlei Hinsicht geschwächt und zersprengt. Jedes Volk betrachtete die anderen Völker als Feinde, aber jedes war zudem in seinem Inneren zerrissen. Wer es wagte, sich und seine

Welt in einem Spiegel zu betrachten, der sah einen zerfallenen, halb toten Körper. Da war es besser, jede Selbstschau zu vermeiden und alle Spiegel zu verstecken.

Sich diese Schwäche einzugestehen, hätte die Ängste und Hoffnungslosigkeit noch verstärkt. Das wäre fatal gewesen im Krieg gegen die Imperialisten. Dieser Kampf benötigte ein starkes Selbstbewusstsein, welches aber nicht vorhanden war. Darum wurde die Schwäche mit allen Mitteln verdrängt.

Zudem fehlten die wissenschaftlichen Mittel zur Selbstreflexion. Es standen keine selbst erarbeiteten wissenschaftlichen Instrumente zur Verfügung, mit denen diese Aufgabe hätte angepackt werden können. Wie kann eine Gesellschaft ohne wissenschaftliche Methoden sich verstehen, wie kann sie ohne Soziologie und Psychologie sich selbst analysieren?

Vor den Intellektuellen dieser Zeit lag ein kranker Körper, den sie nur beklagen und beweinen konnten. Die Poeten und Autoren schrieben über die Schmerzen der orientalischen Völker, aber sie hatten nicht das nötige Heilmittel. Die Wahrheit war zu tragisch und bitter, um sie genauer zu betrachten. So entstand die Angst vor dem Spiegel. Wenn die Wahrheit beängstigend ist, muss das Bild durch ein Trugbild ersetzt werden. Dieses Trugbild des Orients hat sich der Orient selbst erschaffen.

Das bekannteste Werk von Edward Said, *Orientalismus*, nimmt das vom Westen geschaffene Trugbild ins Visier. Aber damit ist erst die Hälfte der Arbeit getan. Um sie zu vollenden, müsste die Kritik an jenem imaginären

Orientbild folgen, das der Orient sich selbst erschaffen hat.

Um das Orientbild zu korrigieren, reicht es nicht aus, es von den Täuschungen zu befreien, die der Westen erschaffen hat. Viel wichtiger ist es, jene trügerischen Vorstellungen abzuschütteln, die der Orient für sich selbst produziert hat. Orientalismus hat zwei Seiten. Zwei Hände haben das Bild des Orients entstellt. Die eine ist die des Westens und die andere jene des Orients selbst. Wenn eine imperialistische Mentalität hinter diesem Bild steckt, das der Westen sich entworfen hat, dann steht hinter dem Bild, das der Orient von sich für sich geprägt hat, eine ängstliche Seele, die weiß, dass bei schonungsloser Selbstbetrachtung ihre Schwächen zum Vorschein kommen.

Narziss, der Betrachter und Bewunderer seiner selbst im Spiegel, ist eine grundlegende Figur westlichen Denkens und Fantasie. Im Orient spielt diese Gestalt kaum eine Rolle. Hier wird eine klare Grenze gezogen: Man darf sich nicht in sich selbst verlieben. Die Figur, auf der die orientalische Kultur aufbaut, ist der Anti-Narziss. Er meidet sein Spiegelbild. Das Bild, das er von sich hat, ist nicht das Resultat einer Selbstreflexion, sondern eine Illusion.

Zu den Gefahren solcher Selbsttäuschung gehört, dass die Träume dieses Menschen seine Fähigkeiten übersteigen. Die meisten Träume und Projekte im Orient des 20. Jahrhunderts scheiterten kläglich. Der Traum, die Gesellschaft nach westlichem Muster zu modernisieren, zerbricht in Atatürks Türkei und dem Iran des Schahs. Das Projekt, den Krieg gegen Israel zu gewinnen, scheitert. Die Bestrebungen der Nationalisten, einen arabischen Bund zu gründen, bleiben erfolglos. Die Bestrebungen der Staaten um eine kollektive Identität zwischen den unterschiedlichen Völkern der Region verlaufen ins Leere. Libanon, der Irak, Syrien, Afghanistan und die Türkei werden zerrissen von endlosen Bürgerkriegen. Die Versuche, konstitutionelle Monarchien einzuführen, misslingen. Das Projekt des Säkularismus und der Trennung der Religion vom Staat zerfällt. Der Versuch, im Irak und in Syrien Nationalismus und Sozialismus in Einklang zu bringen, bleibt ein unerfüllter Traum. Auch die Kurden unterlagen bei dem Versuch, eine einzige nationalistische Partei zu gründen. All diese Projekte, eines nach dem anderen, scheiterten. Der Grund dafür ist, dass sie auf einem illusionären, unechten Bild von sich selbst beruhen.

Der syrische Schriftsteller Fridrik Zureiq hat als einer der Ersten darauf hingewiesen. Sein Buch mit dem Titel *Die Araber in den Augen des Westens,* das 1951 in Damaskus veröffentlicht wurde, beschreibt auf komödiantische Art gebildete Araber, die mit überbordendem Enthusiasmus über Neuerungen und Reformen in ihren Ländern sprechen. Als diese Intellektuellen aber gefragt werden, wie sie diese Veränderungen durchführen wollen, stellt sich heraus, dass sie keine Ideen haben, wie man die Träume praktisch umsetzen kann.

Wer dieses Buch gründlich liest, dem wird klar, hier stellt ein besorgter orientalischer Intellektueller die Frage:

Weshalb pflegt die neu entstandene Elite all diese großen Träume, wo doch niemand von ihnen ein realistisches Projekt hat, sie auch umzusetzen? Sie träumen um des Traumes willen, um die Psyche der Menschen im Gleichgewicht zu halten, ihnen eine Grundlage zu geben, sich nicht klein und nutzlos zu fühlen.

Die erste Generation orientalischer Intellektueller sind Träumer und keine Denker. Diese Krankheit prägt bis heute die Politik und Kultur.

Da die Kurden im Vergleich zu anderen Völkern der Region zu den Schwächsten gehören, widerspiegelt sich dieses Träumen besonders klar in ihrer Literatur. In den Werken eines der bedeutendsten Poeten der Kurden zu Beginn des 20. Jahrhunderts, Ahmed Mukhtar Jaff, erkennt man nach hundert Jahren den großen Träumer. Wir können uns das Lachen nicht verkneifen, denn hundert Jahre nach dem Verfassen dieses Gedichts ist von seinen Wünschen nichts realisiert. Ahmed Mukhtar schreibt über seinen Traum der Zukunft der Kurden:

Eine geordnete Streitmacht schützt im Kampf
    unsere Rechte
Ausgerüstet mit schimmernden deutschen Kanonen
Nach der Vernichtung des Feindes baut sie das Land
    wieder auf
Die Eisenbahngleise reichen hin bis zu den Bergen
    Hawramans
Berge und die Steppen verwandeln sich in
    königliche Gärten

Auf ihnen zu wandeln, sie zu bewundern, kommen
Schwärme aus aller Welt

Im Jahr 2021 soll das Verkehrsministerium der Auto-
nomen Region Kurdistan ein deutsches Unternehmen
damit beauftragt haben, eine Eisenbahnstrecke zwischen
den kurdischen Städten zu planen. Diese Nachricht, die
über die sozialen Medien verbreitet wurde, sorgte für
eine große Welle aus Spott und Hohn, denn sogar nach
hundert Jahren halten die Menschen solche Pläne für
illusorisch.

Es fällt auf, dass viele der orientalischen Intellektuellen zwar keine seriösen Bestrebungen zeigen, ihre Region
tiefgreifend zu verstehen, sich aber sehr wohl mit den
westlichen Wissenschaften auseinandersetzen. Hisham
Sharabi sieht hier den Einfluss des Westens. Diese Vor-
denker sind durch den Kontakt mit den imperialistischen
Mächten und die Lektüre und Interpretation von Übersetzungen moderner westlicher Wissenschaften geformt
worden.

Die Intellektuellen des Orients wählten zwei Projekte,
die von Beginn an die vorherrschenden Realitäten nicht
in den Blick nahmen. Religiöse Denker griffen auf die
Epoche des Propheten und die Zeit der Kalifate zurück.
Das andere Projekt der westlich orientierten Intellektuellen konzentrierte sich aufs Verstehen des Westens, um
ihn dann nachzuahmen und gleichzeitig zu kritisieren.
In beiden Fällen ging die Orientierung an den Grund-
problemen der eigenen Welt verloren. Eine Reihe von

wissenschaftlichen und philosophischen Büchern aus dem Westen wurde zwar übersetzt, aber dabei blieb es. Es wurde nicht weiter an der Frage gearbeitet, wie man mit ihrer Hilfe den Orient auslegen konnte.

Den Westen kennenzulernen, wurde zu einer selbstständigen Disziplin, aus der kein Nutzen für die eigene Realität gezogen werden konnte. Dies zeigt sich auch am großen Projekt *Orientalismus* von Edward Said: Die westlichen Vorstellungen zu ergründen und zu kritisieren, war ihm wichtiger als das Ergründen des Orients an sich. So geschah es, dass Edward Said mit den Verirrungen und Verwerfungen des westlichen Blicks auf den Osten bestens vertraut war. Aber seine Verteidigung Saddam Husseins war ein Hinweis darauf, dass es ihm an wirklichem Verständnis des Orients mangelte.

Nun, über hundert Jahre nach dem Zerfall des Osmanischen Reichs, sind die Zustände im Orient noch schlechter statt besser geworden. Wir erleben mehrere gescheiterte Staaten, Rückschritt in Wissenschaft und Technik auf allen Ebenen, Verbreitung von politischer Gewalt, Aufteilung von Gebieten auf mehrere Staaten und feindliche Nationen. Das wahre Bild des Orients benötigt ein tiefes, kritisches Hinterfragen, damit der Orient seinem Scheitern ins Auge sieht. Für die meisten Orientalen ist dieses Scheitern schwer zu akzeptieren. Die Menschen müssen von allen Illusionen frei werden, damit sie die Tiefe der Krise sehen und erkennen, in der sie stecken.

Drei Strömungen trugen bei zu diesem Selbstbetrug.

Zum einen die Religion: Sie sieht den Orient als das Gebiet der Propheten. Die Muslime wähnen sich als Anhänger der zu bevorzugenden Religion, was sie dazu ermutigt, sich für die auserwählte Anhängerschaft auf Erden zu halten. Der Glaube an die übersinnliche, beschützende Macht ist tief in der Mentalität der Muslime verankert. Die Religion ließ die Muslime ein falsches Ego erschaffen, sodass sie ihr wahres Ego nicht sehen können.

Als Zweites der Nationalismus: Nach dem Zerfall des Osmanischen Reichs, als sich die orientalischen Völker und Nationen vor dem Abgrund des Scheiterns wiederfanden, erstarkte das nationalistische Gedankengut. Wenn der orientalische Nationalismus vom Scheitern und Schwäche spricht, dann tut er das nur, um von einer Wiederauferstehung sprechen zu können. Schwäche und sich wieder Erheben sind zwei mythische Konzepte, die nichts mit realem Scheitern und einer gesellschaftlichen Erneuerung zu tun haben. Die türkische Ergenekon-Legende und die kurdisch-persische Newroz-Legende sind zwei Beispiele für den symbolischen Gebrauch solcher Mythen. Nationalismus in seiner orientalischen Form propagiert eine Nation, die niemals besiegt oder zerstört werden und durch keine Krise in die Knie gezwungen werden kann. Diese Form des Nationalismus nährte über ein Jahrhundert hinweg die Fantasie in den Köpfen der orientalischen Völker, dass sie sich im ständigen Zustand des Sich-Erhebens und des Siegens befänden. Wer von einem Scheitern spricht, wird als Verräter denunziert.

Und schließlich der Marxismus: Im Gegensatz zum westlichen Marxismus liegen seiner orientalischen Ausprägung keine wissenschaftlichen und philosophischen Prinzipien zugrunde, die aus der Analyse der eigenen Geschichte und Denktradition gewonnen wären. So, wie die Islamisten den Koran für den rettenden Text halten, der jenseits von Zeit und Raum erschaffen wurde, sehen auch die orientalischen Marxisten in den Theorien des Marxismus die Rettung aus einer anderen Welt. Damit werden die wissenschaftlichen und philosophischen Wurzeln des historischen Materialismus außer Kraft gesetzt und nur die messianische Seite in den Vordergrund gerückt. Das Konzept vom letztlich siegenden unterdrückten Volk wird hier ein religiöses, das die Option des Scheiterns ausschließt.

Unter solchen Umständen ist das Zurück zur Selbstreflexion kein einfacher Prozess. Dem Orient einen Spiegel vorzuhalten, in dem er sein wahres Ich sieht, setzt eine radikale kulturelle Wende voraus: einen Paradigmenwechsel und die Geburt einer neuen Weltanschauung. Dieser Prozess sollte zunächst mit der Erkenntnis beginnen, dass der Orient bisher ein Trugbild von sich vor Augen hatte. Neue Schritte werden erst möglich, wenn die Wurzeln jener Ängste erkannt und ergründet sind, die dazu beitrugen, das wahre Bild der eigenen Welt nicht zu sehen.

Der Orient benötigt kein Fernglas, um in die Weite des Horizonts zu blicken. Er braucht einen Spiegel, in dem er sich aus der Nähe betrachten kann.

Der Kriminalroman und
die großen Verbrechen

Am Ende des Theaterstücks *Woyzeck* von Georg Büchner beschreibt der Polizeidiener Maries Tötung mit folgenden Worten: »Ein guter Mord, ein echter Mord, ein schöner Mord, so schön, als man ihn nur verlangen tun kann, wir haben schon lange so keinen gehabt.«

Haben diese Worte über den schönen, guten Mord eine tiefere Bedeutung? Kann es einen solchen Mord geben? Deuten diese Äußerungen vielleicht sogar auf tiefe Wurzeln in der westlichen Kultur?

In der klassischen, aber auch der modernen Literatur der arabischen Welt nimmt der Krieg viel Raum ein. Er wird beschrieben, seiner Schönheit wird gehuldigt, das Lob der Armeen wird gesungen. Aber einen solchen Satz findet man nirgendwo.

Hängt das zusammen mit der Beobachtung, dass Kriminalromane im Orient nicht gefragt sind? Dieses Genre wird nicht zur ernst zu nehmenden Literatur gezählt und selten aus anderen Sprachen übersetzt. Auch wenn es eine Leserschaft dafür gibt, so wird sie als eine unseriöse Zielgruppe gesehen, die nur zum Zeitvertreib liest. Als die Übersetzungsbewegung ins Arabische und Persische erstarkte, hatten Kriminalromane daran nur einen kleinen Anteil. Die Leserschaft verlangte nach Balzac, Maupassant, Flaubert, Stendhal, Tolstoi, Turgenjew. Weniger interessiert war sie an den Werken von Sir Conan Doyle und Agatha Christie. Die meisten Übersetzungen der Romane von Agatha Christie erschienen zudem in kleinen Verlagen. Auch im Iran, der über produktivere und bessere Übersetzer verfügt, greift die Leserschaft kaum zu diesem Genre. Auch ich hatte, bevor ich nach Europa kam, selten Kriminalromane gelesen. Bis heute ist mein Verhältnis zu ihnen zwiespältig.

Wie kommt es, dass es in Gesellschaften, die von Gewalt durchsetzt sind, so wenig Nachfrage nach Kriminalromanen gibt?

Ein Essay von Thomas de Quincey aus dem Jahre 1827 mit dem Titel *Der Mord als eine schöne Kunst betrachtet* erwähnt einen William Jean, der 1811 ein Buch über Mord in London schrieb.

»Man beginnt allmählich einzusehen, dass zur künstlerischen Vollendung einer Mordtat doch noch etwas mehr gehört als ein Messer, eine Börse, eine dunkle Gasse und zwei Schafsköpfe, von denen der eine dem andern den Hals durchschneidet. Scharfsinnige Berechnung, meine Herren, feinsinnige Verteilung von Licht und Schatten, kurzum – ein hoch entwickeltes künstlerisches Empfinden – das sind die unerlässlichen Vorbedingungen zu einer solchen Tat. Mr Williams hat uns allen darin ein unerreichbares Ideal aufgestellt und mir dadurch meine Aufgabe wesentlich erschwert. Wie

Aischylos oder Milton in der Poesie, wie Michelangelo in der Malerei, so hat er seine Kunst zu schwindelnder Höhe emporgeführt und – wie Mr Wordsworth treffend bemerkt – ›uns selbst zu künstlerischem Genuss seiner Taten erzogen‹. Die Geschichte dieser eigenartigen Kunst zu studieren und ihre Grundsätze kritisch zu beleuchten, bleibt nun dem Kenner und einem Richter, dessen Gepräge sich von demjenigen der Herren Richter in Ihrer Majestät Gerichten allerdings wesentlich unterscheidet, vorbehalten.«

Dieses Zitat zeigt: Europäer betrachten seit Langem das Morden als eine Art Kunst. In den meisten Kriminalromanen geht es um ein gut durchdachtes und geplantes Verbrechen. Der Mord als unlösbares Rätsel, inszeniert mit hoher Kunst des Verbergens, Täuschens und des Verwischens von Spuren – so sieht der europäische Mörder seine höhere Aufgabe. Perfekt wird ein Mord, wenn der Täter nicht aufgespürt werden kann. In der westlichen Kultur will der Mörder im Dunkeln bleiben.

Das hat mit dem modernen Staat zu tun, der viel Energie darauf verwendet, Verbrechen von Einzelpersonen aufzuklären und zu ahnden. Polizeiliche Ermittlungsarbeit und ein ausgefeiltes Strafrecht haben eine zentrale Stellung. Die Fortschritte der Gerichtsmedizin und der Forensik führten zu ausgefeilten Ermittlungsmethoden, in der Kriminologie verbanden sich schließlich viele wissenschaftliche Bereiche zur Verbrechensbekämpfung. Diese hoch entwickelten Standards sind für einen Verbrecher ein zusätzliches Motiv, das Morden als eine Art

Kunst zu betrachten. Je größer der wissenschaftliche Fortschritt, umso größer die Herausforderung, ein perfektes Verbrechen zu begehen.

Auch dem Orient ist es nicht fremd, den Mord als Kunst zu betrachten. Dass das perfekte Verbrechen orientalische Wurzeln hat, ist keine abwegige These. Auch Thomas de Quincey verweist auf den bekannten Geheimbund der Assassinen. Sie machten das Töten zu einer Kunst. Sie genoss einen solchen Stellenwert, dass einer ihrer Anführer, nach einem auf ihn geplanten Anschlag eines seiner Anhänger, so großen Gefallen an dem Plan fand, dass er den Verbrecher mit einem höheren Rang und Sold belohnte. In seiner Darstellung der Assassinen vertritt Bernard Lewis die Ansicht, dass vor ihnen bereits viele andere Gruppierungen den Begriff des Attentats verwendeten. Ein Attentat ist ja nichts anderes als ein Mord, dem ein wohldurchdachter Plan vorangeht. Das Erheben eines Mordes auf die Ebene der höheren Künste könnte durchaus ältere Wurzeln haben und weit vor die Zeit der Assassinen zurückreichen. Aber keine andere Gruppierung war in ähnlichem Ausmaß organisiert und Furcht einflößend wie die Assassinen. Sie führten den Terror als eine besondere Kunstform ein. Es gelang ihnen, bei den Feinden den Eindruck zu erwecken, dass sie jeden töten konnten, gleich welchen Rang er hat und wo er sich befindet. Da sich zu dieser Zeit die Ismailiten gegen das große Reich der Seldschuken im Krieg befanden, war die effektivste Taktik, um gegen sie zu kämpfen, der Einsatz von kleinen, geheimen, gut organisierten

Gruppierungen, die Angst und Schrecken beim Feind auslösten.

Im Orient war also das kunstvolle Morden schon früh ein Teil der Politik, sofern es politische Motive hatte und dahinter eine politisch organisierte Macht stand. Die Kunst des Tötens entwickelte sich nicht als Handwerk eines einzelnen Mörders, der den Polizeiapparat überlisten oder die Maschinerie des Staats herausfordern will. Hier war der Akt des Tötens als Tat eines einzelnen, unabhängigen Menschen, der von einer persönlichen Absicht getrieben wird, nie von großem Interesse. Ebenso wenig ging es ums Verbrechen als Ausdruck einer individuellen Psyche oder zur Befriedigung einer persönlichen Fantasie. Töten war in der Geschichte des Orients immer Angelegenheit eines Kollektivs. Die Denk- und Handlungsweise der klassischen Assassinen hat so manche terroristische Gruppierung beeinflusst. Am 11. September 2001 setzte eine Gruppe von Verschwörern äußerst professionell ein komplex durchgeplantes Verbrechen in die Tat um. Es ging ihr dabei nicht darum, ihre Fähigkeiten im Planen und Durchführen in den Vordergrund zu stellen, sie wollten die Macht ihres Kollektivs demonstrieren und damit maximale Aufmerksamkeit wecken.

Nagib Machfus zeichnet in seinem Roman *Der Dieb und die Hunde* das Charakterbild eines orientalischen Mörders, das im genauen Gegensatz zum »schönen und guten Mord« steht. Der Protagonist seines Werks plant eine Serie von Morden als Rache, nur misslingen alle seine Bemühungen und enden in einer Komödie.

Wiederholt tötet er einen Unschuldigen statt seiner Zielperson. Nagib Machfus erzählt dies nicht im Stil einer Komödie, sondern in kühler, neutraler Sprache. Said Muhran ist nicht als Karikatur gezeichnet, sondern als unwissender, unprofessioneller, tollpatschiger Mörder. Seine Verbrechen fallen nicht unter die Kategorie eines schönen Mordes.

Die meisten Schriftsteller im Orient sind der Überzeugung, dass das Schreiben eines Kriminalromans nur in westlichen Ländern möglich ist, denn damit so ein Genre existieren kann, braucht es neben einem Schuldigen, einem Detektiv und einem Verbrechen auch ein Rechtssystem und ein Umfeld, in dem die Rechte aller Protagonisten festgelegt und geschützt sind. Vor ein paar Jahren fragte der arabische Fernsehsender Al Jazeera in einem Dokumentarfilm nach den Gründen des mangelnden Interesses an Kriminalromanen in der arabischen Welt. Die libanesische Schriftstellerin Najwa Barakat sagte dazu: »Der Staat in unserer arabischen Welt war nie der Hüter des Gesetzes. Er ist selbst der Verbrecher oder Schuldige, der die größten Verbrechen begeht. In unseren Staaten existieren nicht einmal Ansätze zu Institutionen, die die Rechte des Bürgers wahren.«

Wenn ein Schriftsteller in solchem Umfeld die Figur eines Ermittlers schafft, der durch Sammeln von Indizien, Beweisen und Spuren ein Verbrechen aufdeckt, macht er sich vor der Leserschaft lächerlich, denn jeder weiß: Wenn hier ein Ermittler jemanden verdächtigt, wird der sofort verhaftet, und die gewünschten Informationen werden unter qualvoller Folter aus ihm herausgeprügelt. Die Hauptwerkzeuge des orientalischen Ermittlers sind Peitsche und Schlagstock. Deshalb ist auch die Kriminologie in diesen Ländern so schwach entwickelt, vielen Ermittlern fehlt es an grundlegender Ausbildung.

Hinter westlichen Kriminalromanen stecken oft auch ethische Leitlinien: die Wahrheit ans Licht bringen, Gerechtigkeit walten lassen, rational analysieren und umsichtig Schlussfolgerungen ziehen. Diese Leitsätze haben im Orient kaum je Geltung. Wahrheit und Gerechtigkeit sind Parameter, die vom Herrscher oder dem Staat definiert werden. Der westliche Kriminalroman wächst aus einer Kultur, in der das individuelle Töten seine Ausnahmestellung und Einzigartigkeit noch nicht verloren hat. In einer Welt, in der der Tod alltäglich ist, die erfüllt ist von Angst, Kriegen, Attentaten und Willkürjustiz, büßt er an Außergewöhnlichkeit ein.

Hinzu kommt: Das Töten im heutigen Orient erfolgt in den meisten Fällen offensichtlich. Der Mörder beabsichtigt, gesehen zu werden. Der westliche Mörder will seine Intelligenz und Geschicklichkeit beweisen, wohingegen der orientalische Mörder Macht und Männlichkeit zur Schau stellt. Auch wenn das Verbrechen nicht vor den Augen der Öffentlichkeit begangen wird, so wissen die meisten Menschen im Umfeld, wer die Täter sind. Die meisten unserer Erzählungen über Mord erinnern an den Roman *Chronik eines angekündigten Todes* von Gabriel García Márquez: Die Zwillingsbrüder Vicario beabsichtigen, Santiago Nasar zu töten, um die Ehre ihrer

Schwester und der Familie wiederherzustellen. Also kündigen sie die geplante Bluttat vorher an. Hier wird klar gezeigt, dass das Töten eng mit dem Begriff der Männlichkeit verbunden ist.

Man kann die Geschichte des Orients im 20. Jahrhundert wohl nicht verstehen, ohne den Begriff der »Männlichkeit« und jene tiefen Drohungen, die ihm innewohnen, ins Spiel zu bringen. Er ist eine der Wurzeln jener Geisteshaltung, die mit dem Praktizieren und Akzeptieren des Faschismus verknüpft ist. Die Angst davor, sich nicht als »Mann« zu zeigen und zu beweisen, die Angst, als Mann nicht wahrgenommen zu werden, ist allgegenwärtig. In den patriarchalischen Gesellschaften des Orients war das »Mannsein« schon immer ein Leitbild. Mit dem Wachsen politischer Ängste und Gefahren, die das 20. Jahrhundert mit sich brachte, bekam es einen noch höheren Stellenwert und wurde zum Ankerpunkt, um den sich das gesamte psychologische System dreht.

Für die meisten Nationen Vorderasiens und Nordafrikas ist das 20. Jahrhundert eine Epoche der Unterwerfung, der Konfrontation mit den imperialistischen Mächten England, Frankreich und Italien, eine Zeit des politischen und kulturellen Niedergangs. Der Sieg des Westens über eine vom Männlichkeitsdenken imprägnierte Gesellschaft ließ ein kollektives Gefühl von Kastration erstarken. Durch die inneren Umwälzungen der Gesellschaften entstanden zudem Kleingruppen, Minderheiten und untergeordnete Schichten, bei denen das gleiche Gefühl von Schwäche, Angst und Verlust aufkam.

Je niedriger der gesellschaftliche Rang der Männer, umso stärker wird ihre Angst vor Verlust der Macht und Männlichkeit. Gemäß der Freud'schen Analysen ist das männliche Geschlechtsteil nicht bloß ein Instrument der Sexualität, sondern auch ein Symbol für Macht und Herrschaft. Der Verlust der Macht ist gleichzeitig der Verlust des Phallus. Wer ohne Bedeutung, unterwürfig und machtlos ist, wird als weibisch oder kastriert verachtet. Der Hass gegen Minderheiten und Schwache ist fest mit der Kastrationsangst verbunden. In der Freud'schen Lehre gehen die Wurzeln des Rassismus und der Frauenfeindlichkeit mit der Angst der Männer vor Kastration einher. Sogar die Wurzel des Antisemitismus hat mit der Kultur der Beschneidung im Judentum zu tun. Dass die Juden beschnitten sind und somit »keinen Penis haben«, war in Europa ein verbreiteter Mythos. Zu Freuds Zeit in Wien wurde die Klitoris der Frau als »Jude« und die Masturbation der Frau als »das Spiel mit dem Juden« bezeichnet.

Der westliche Rassismus diffamiert die Männlichkeit bei jenen Rassen, die er als niedrig ansieht. Aber aus orientalischer Perspektive ergibt sich ein ganz anderes Bild. Die Freud'sche Kastrationsangst zeigt sich hier als Resultat des Versagens und des Gefühls von Schwäche und absoluter Ohnmacht. Es tritt auf in unterschiedlichen Gruppierungen, Clans und Ethnien, sowohl auf individueller als auch auf kollektiver Ebene. Diese Angst führt zu einer Überreaktion, nämlich dem krankhaften Beharren auf der Männlichkeit.

Eines der großen Problemthemen im Orient ist die Verknüpfung der Männlichkeitsideologie mit der Auflehnung gegen die Kolonialmächte und dem Geist der Revolte allgemein. Bevor der Eroberer eine Gefahr für die Region, das Land und seine Ressourcen darstellt, ist er aus psychologischer Sicht vor allem eine Bedrohung für die Männlichkeit. Wo die Unterjochung als ein klares Zeichen der Kastration gesehen wird, wird die Männlichkeit als Gegenpol dazu zum Symbol der Freiheit. Eine der größten Unstimmigkeiten im Orient ist darin zu finden, dass der Geist der Revolution nicht mit der Idee der Freiheit assoziiert wird, sondern mit dem Konzept von Männlichkeit. Der Rebell zeigt sich als Mann, der für die geraubte Männlichkeit kämpft, um sie wiederzuerlangen – und nicht für die geraubte Freiheit.

Diese Tatsache spiegelt sich auf beängstigende Weise auch in der Literatur wider. Viele Schriftsteller zeigen uns präzise, wie die Protagonisten ihrer Romane unter dem Druck stehen, ihre Männlichkeit zu demonstrieren. Der syrische Schriftsteller Hanna Mina, der zu den wichtigsten Vertretern des arabischen Realismus zählt, beharrt darüber hinaus auf einem Zusammenhang zwischen Autorenschaft und Männlichkeit. In einem Interview meint er: »Wenn einem Literaten die männliche Kraft abhandenkommt, dann werden seine literarischen Werke zu kastrierter Literatur.« In den Werken von vielen anderen Schriftstellern wie Tawfiq al-Hakim, Nagib Machfus, Yusuf Idris, Abdalrachman Munif tauchen zahlreiche Motive und Szenen auf, die tief im Inneren vom Lob und der Bedeutsamkeit der »Männlichkeit« zeugen. In Munifs Meisterwerk *Östlich des Mittelmeers* ist der psychologische Zusammenhang zwischen politischem Kampf und Männlichkeit direkt thematisiert. Hier stoßen wir auf das unverhüllte Bild des faschistischen Orients. Munif hat als einer der wenigen arabischen Schriftsteller früh jenes System erkannt, das im gesamten Osten herrscht. Er sieht ein großes Gefängnis, in dem der Bürger bis zum Äußersten erniedrigt, entrechtet und kastriert wird. Faschismus und Kastration werden bei Munif parallel gesetzt. Die Unterdrückung des Menschen hat ein Symbol: die Kastration. Will ein Protagonist nicht seinen Kampfgeist verlieren, muss er Mann bleiben.

Der syrische Autor, Philosoph und Übersetzer Georges Tarabichi hat in seinen Untersuchungen zur Ideologie der Männlichkeit in der arabischen Literatur darauf hingewiesen: Dieser Roman ist wie ein Fenster, das den Blick in die Psyche des männlichen Revolutionärs erlaubt. Der Hauptprotagonist, Rajab Ismail, der in seiner Kindheit den Vater verliert und dessen älterer Bruder das Haus verlässt, weil er nicht bereit ist, sein Leben damit zu vergeuden, die Verantwortung für Mutter, die beiden kleinen Schwestern und den Bruder zu übernehmen, wird als unmännlich bezeichnet, weil er sich dieser Aufgabe entziehen möchte. Rajab wird so erzogen, dass er zu einem Mann heranreift. Er bemüht sich, seiner Mutter und seinen Schwestern zu zeigen, dass er nicht so unmännlich ist wie sein Bruder Assad. In diesem Roman steckt die Essenz der orientalischen Politik: Das Feld wird von

Männern dominiert, während die Frauen an die Peripherie verbannt werden. In die Welt der Politik einzutauchen, heißt, sich in die Welt der Männer zu begeben. Das Gefängnis als natürliches Produkt der Politik ist ein Ort, der absolut männlich ist und für Männer eingerichtet wurde. Als Rajabs Mutter ihn mehrere Male davor warnt, sich nicht in die Politik einzumischen, lautet seine Antwort: »Willst du mich zu einer Frau machen, oder zu einem kastrierten Mann?« Als er ins Gefängnis kommt, wird er den Folterknechten ausgesetzt und somit auch einer großen Prüfung: jener der Männlichkeit. Er versucht, nicht einzuknicken, und weigert sich, Geständnisse zu unterschreiben. Solange seine Mutter am Leben ist, widersetzt er sich heldenhaft Schmerzen und Folter. Als sie aber stirbt, jene Person, der gegenüber er ständig bemüht war, sich als Mann zu präsentieren, brechen seine Kräfte zusammen, er wird unter der Folter schwach und hört somit auf, ein Mann zu sein.

Die Literatur vermittelt uns unzählige solcher Bilder. Männlichkeit, die Erziehung zum Mann, ist nicht nur Waffe gegen die westliche Welt, sondern auch in allen anderen Konflikten. Jeder Krieg im Orient ist ein Krieg, in dem Mut und Männlichkeit propagiert werden. Nicht nur Kämpfer oder Revolutionäre müssen ihren Mann stehen, sondern auch der Staat selbst, der sich als ein großes Instrument für die Produktion der Werte der Männlichkeit sieht. Der Krieg ist auf allen Ebenen eine Schlacht unter Männern. Es ist belanglos, um welche politischen Ideologien es dabei geht.

Dieses Phänomen zeigt sich in der bedeutendsten aller Institutionen, der Armee. Das Hauptziel unserer Militärakademien ist die Erziehung einer Elite aus starken Männern, deren Fähigkeiten jene gewöhnlicher Männer übersteigen. Die Trennung zwischen Zivilist und Soldat ist ein Fundament der Militärkultur. Nur echte Männer können hervorragende Soldaten werden. In der Vorstellung der orientalischen Gesellschaft ist das Militär eine Fabrik, die Männer produziert.

In dieser Kultur sind Kampfgeist, Wehrhaftigkeit, Unempfindlichkeit gegenüber Schmerz, Angriffsbereitschaft und Kraft immer mit Männlichkeit konnotiert. Ein Mann ist zudem in der Lage, zu foltern und Folter über sich ergehen zu lassen, zu töten und, wenn notwendig, zu sterben.

In einer solchen Kultur hat der männliche Mörder immer eine Geschichte, mit der er seine Tat rechtfertigen kann. Er untermauert sie mit den Begriffen von Ehre und Bewahrung seiner Männlichkeit. Dadurch hat der Mörder kein Problem damit, als Mörder erkannt zu werden. Er erachtet es nicht für notwendig, für seine Tat einen komplizierten, lückenlosen Plan zu schmieden. Er beabsichtigt sogar, dass alle davon erfahren.

Die Rede ist hier nicht nur von Ehrenmorden, bei denen der Täter mit Stolz seine Tat zugibt, um seinem Umfeld zu beweisen, dass er seine Ehre wiederhergestellt hat. Es ist dies auch die Regel bei den meisten politischen Auseinandersetzungen in ihren gewalttätigen Formen. Sie präsentieren sich in aller Öffentlichkeit. Gewalt als

Zeichen der Macht und der Männlichkeit will gesehen werden. Wo Männer morden, sich an einem Krieg beteiligen, sich einer Kampforganisation anschließen, geht es darum, geraubte Männlichkeit zurückzuholen. Dem Mörder sind seine Waffen, sei es ein Gewehr oder ein Dolch, Zeichen für den Phallus, den er hebt und der Welt präsentiert.

In der Zeit, als Terrororganisationen wie al-Qaida und der Islamische Staat ihren Höhepunkt erlebten, war das öffentliche Töten und Köpfen ein Zeremoniell der Herrschaft. Wobei jedoch die Täter in den meisten Videoaufnahmen die Gesichter ihrer Opfer mehr zeigten als die eigenen. Dies geschah nicht, weil die Täter sich verbergen wollten, sondern es stand das Beharren auf einer kollektiven Tat dahinter. Der männliche Terrorist zeigt sich nicht als Individuum, sondern im männlichen Kollektiv. Die Partei oder Organisation wird zum Phallus-Kollektiv. Die Videoaufnahmen der Köpfungen und Verbrennungen der Opfer durch al-Qaida und den Islamischen Staat wurden inszeniert, um uns die Botschaft zu übermitteln, dass es sich um die Wiederauferstehung des Islam handelt: Der Spieß habe sich umgedreht. Die westlichen und alliierten Mächte wollten die islamische Gemeinschaft kastrieren, werden nun aber selbst kastriert.

Der Kriminalroman ist das Produkt einer Gesellschaft, in der das Leben des Individuums einen hohen Stellenwert hat und die Rechte der Einzelperson vom Staat hochgehalten werden. In den orientalischen Gesellschaften stand das Leben des Individuums nie im Mittelpunkt. Die Ermordung eines einzelnen Menschen wird hier nicht zu einer spannenden Erzählung für die Gesellschaft. Im Zentrum steht hier das Schicksal eines Volkes oder eines Staates. Die Aufgabe des Staates besteht hauptsächlich darin, sich seinen Beschützern zu widmen. Unbedeutenden Individuen Aufmerksamkeit und Ressourcen zu schenken, wäre Verschwendung. Die Sicherheitsapparate, die nach politischen Gegnern suchen, sind wichtiger und stärker als die polizeilichen Institutionen, die nach normalen Verbrechern fahnden. Im Verhältnis zwischen Staat und Individuum herrscht Einschüchterung. Der Bürger hat mehr Angst vor dem Regime als vor einem einzelnen Verbrecher, denn der Staat als der Apparat des Tötens, der Vernichtung, der Verhaftung, des Folterns, der Entführung steht über allem. Vor einzelnen Mördern kann sich das Individuum schützen, aber der Gewalt des Staates hat es nichts entgegenzusetzen.

Ein echter Kriminalroman würde hier nicht erzählen, wie ein Kommissar ein Verbrechen aufklärt, sondern wie sich die Bürger vor dem Kommissar verstecken.

Darum kann das Töten durch die Hand von kleinen, unbedeutenden Mördern nicht zur Kunst werden. Der Staat ist es, der das Töten auf eine künstlerische Ebene erhebt. Der Staat experimentiert mit allen Arten des Mordens: Töten auf offener Straße, Organisieren von Massenhinrichtungen durch ein Erschießungskommando, Köpfen auf öffentlichen Plätzen, Hinrichtungen durch schallgedämpfte Waffen in dunklen Gassen, das langsame Töten unter Folter, Töten in biologischen und chemischen Experimenten, Töten durch Verabreichung von Gift.

Manche dieser Hinrichtungen sind öffentlich, andere geschehen im Geheimen. Die Baath-Partei im Irak beispielsweise arbeitete auf beiden Ebenen. Manchmal wurden Leichen der Opfer präsentiert, manchmal ließ man sie spurlos verschwinden. Diese Bilder ergänzten einander. Das Verschwindenlassen erfolgte nicht, weil der Staat Angst hatte, von seinem Volk zur Rechenschaft gezogen zu werden, sondern demonstrierte seine unendliche Macht im Verwischen von Spuren und Auslöschung jedes Menschen, den er sich zum Ziel nahm. Das perfekte Verbrechen aus der Sicht der Baath-Partei war es nicht, selbst keine Spuren zu hinterlassen, sondern die Spuren der Existenz des Opfers auszuradieren.

Als der irakische Staat im Jahre 1988 mehr als 200 000 Kurden im Genozid der Anfal-Operation tötete, hinterließ er nicht ein einziges Bild, keine Dokumentation und auch keinen Durchführungsbefehl, die als Beweismittel hätten verwendet werden können. Die Befehlshaber und die ausführenden Truppen können bis heute nur anhand von Indizien mit der Tat in Verbindung gebracht werden. Keiner der Beteiligten hat die Tat gestanden. Bei so einer großen Operation sind zweifelsohne Hunderte von Menschen beim Transport, an den Hinrichtungen und dem Beseitigen der Leichen beteiligt. Auch mehr als dreißig Jahre danach hat keiner der Täter und Beteiligten über diese Verbrechen berichtet. Haben wir hier nicht das

Recht, Thomas de Quincey die Frage zu stellen: Handelt es sich hier nicht um ein perfektes Verbrechen?

Und eine zweite Frage: Warum hat die Baath-Partei, die ja nicht fürchtete, ihre Verbrechen könnten aufgedeckt werden, alle Beweismittel verschwinden lassen?

Die Baath-Partei war eine männliche arabische Staatsgewalt. Ihre Mentalität glich jener der alten arabischen Stämme, bei denen das Töten Macht, Ehre und Männlichkeit demonstrierte. In der Alltagssprache der Baath-Partei in den Medien ging es ständig um Vernichtung und Auslöschung der Feinde, Verwandlung des Feindes in Staub, der dem Wind übergeben wird. Zur Zeit des Irak-Iran-Krieges wurde abends ein Programm ausgestrahlt mit dem Titel *Bilder von den Schlachtfeldern.* Stundenlang wurden iranische Leichen gezeigt. Parallel dazu feuerte ein Moderator mit tiefer Stimme die Zuschauer an, die Bilder genau anzusehen und sich einzuprägen, wie die Baath-Partei ihre Feinde vernichtet. Davor und danach gab es stets Loblieder auf die Partei, die Saddam Hussein als einem mächtigen, furchtlosen Mann, der ein Gewehr in der Hand hielt, huldigten. Darunter lief folgender Text: »Hochdekorierter Mann, Stolz der Männer, Stolz der Araber!« Die Verknüpfung der gezeigten Leichen mit der Männlichkeit und Stärke Saddam Husseins war ein programmierter Prozess, der jeden Tag ausgestrahlt wurde. Die irakische Armee wurde immer als die Armee der tapferen Männer und die iranische als jene der Fledermäuse bezeichnet.

»Mahhu« war ein Begriff, der in der Kultur der Baath-

Partei täglich wiederholt wurde. Er bedeutet so viel wie spurlose Auslöschung. Das Töten war ein Teil dieses großen Spiels, der andere war das absolute Ausradieren, jener Zustand, der als »zweiter Tod« bezeichnet wurde. Im perfekten Verbrechen geht es nicht darum, den Täter zu verheimlichen, sondern darum, wer die Existenz des Opfers spurlos auszuradieren vermag. Hier lag die wahre Macht der Baathisten. Der Staat handelt als ein Gott und demonstriert mit der »absoluten Auslöschung« seine Allmacht.

Es war ein Versuch, bei den Opfern die Angst vor der Vernichtung zu vergrößern. Im Moment der Verhaftung ließ man die Opfer so verschwinden, dass sie keinen Kontakt mehr zur Außenwelt hatten. Weder Rechtsvertreter noch NGOs konnten mit ihnen in Verbindung treten. Die staatlichen Apparate hatten die Anweisung, keinerlei Information nach außen dringen zu lassen. Schließlich wurden die Widersacher geheim getötet, ohne dass jemals jemand erfuhr, wo und wie und welcher Verbrechen wegen. Ihnen wurden keine Grabstätten errichtet, und den Angehörigen war es untersagt, Trauerfeiern abzuhalten und nach dem Grund der Hinrichtung zu forschen.

Aber die wahre Kunst eines solchen Staates zeigte sich nicht im Ermorden eines Einzelnen, im Verschwindenlassen eines schutzlosen Bürgers. Sie zeigte sich in den Massentötungen, als der Staat Tausende von Menschen gleichzeitig hinrichtete und begrub, ohne Spuren zu hinterlassen. Die Baath-Partei im Irak besaß im Gegensatz zum Nationalsozialismus weder Konzentrationslager noch Gaskammern. Es gab keine Akten oder Dokumente. Massenhinrichtungen erfolgten unbürokratisch ohne langwierigen Verwaltungsaufwand, die Namen der Toten wurden nicht registriert, nichts wurde gefilmt, und der Ort der Hinrichtung wurde spontan bestimmt. All diese Operationen hinterließen keine Spuren. Sogar der Staat wusste nichts über die Identität der Getöteten, die Hinrichtungsstätten, die Anzahl der Opfer. Außer einer kleinen Gruppe von Exekutoren wusste niemand davon.

Im Orient ist das Töten eines Einzelnen bedeutungslos. Ein solches Verbrechen ist im Vergleich mit den Verbrechen des Staates so klein, dass es weder das Interesse der Gesellschaft noch der Leserschaft erweckt.

Warum ich auf
Kurdisch schreibe

Fragt man einen englisch- oder deutschsprachigen
Schriftsteller, aus welchem Grund er auf Englisch oder
Deutsch schreibt? Wäre das nicht eine seltsame, überflüs-
sige Frage? Auch arabisch- oder türkischsprachige Autorinnen und Autoren werden kaum je gefragt, warum sie
auf Arabisch oder Türkisch schreiben. Aber ich wurde
unendlich oft mit der Frage konfrontiert, warum ich in
kurdischer Sprache schreibe, und das sogar von Kurden.

Diese Frage ließ mich sogar schon zornig werden. Ge-
rade deshalb aber provozierte sie mich zum Nachdenken.
Warum wird sie uns kurdischen Schriftstellern gestellt?
Gibt es da vielleicht unbewusste Faktoren? Und hat unser
Entscheid, sich kurdisch auszudrücken, vielleicht ganz
besondere Bedeutung?

Soweit meine Erinnerung zurückreicht, lebe ich mit
dem Gefühl, dass meine kurdische Sprache in Gefahr
schwebt. Das war mehr als eine politische Befürchtung, es
war eine persönliche Angst, eine Furcht in meinem Inneren. Der Tod der kurdischen Sprache wäre auch der Tod
eines Teiles von mir. Diese Angst liegt auf gewisse Weise
nahe bei der Angst vor meinem eigenen biologischen

Tod. Als wäre die Sprache ein Teil meines Körpers geworden. Wie konnte das geschehen?

Die Sprache ist eine kontinuierliche Bemühung, die Welt in ihrer Vielfalt zu erfassen. Zunächst tritt sie uns auf unserem Lebensweg als begriffsloses, amorphes Gebilde entgegen, das wir allmählich durch Worte in der ganzen Komplexität erfassen, die es in sich birgt. Durch die Sprache überwindet der Mensch seinen ursprünglichen Naturzustand, in dem er vor seiner Sprachfähigkeit existierte. Was durch die Sprache erfasst und gestaltet wird, tritt aus diesem Urzustand heraus. Was noch nie ausgesprochen und formuliert wurde, hat noch keine Bezeichnung und Bestimmung, ist gewissermaßen unentdeckt.

Der Gebrauch von Sprache macht uns zum sozialen Geschöpf. Die Sprache verknüpft uns mit einer Identität, verbindet uns mit einem Ort und unterwirft uns vorherrschenden Regeln. In eine Sprache hineingeboren zu werden, bestimmt nicht nur den uns bevorstehenden Prozess des Spracherwerbs – mit der Sprache lernen wir ja auch, uns in die Gemeinschaft einzufügen.

Sehr früh schon lernte ich, zwischen zwei Sprachen zu unterscheiden. Ich nenne sie die erste und die zweite Sprache.

Die erste ist meine Muttersprache, die Sprache meiner ersten Wahrnehmungen. Durch sie wurden mir die gesellschaftlichen Regeln meiner Umgebung veranschaulicht, in ihr verspürte ich die Liebe, die mir entgegengebracht wurde. In ihr bekam ich aber auch Bestrafung, Groll und Wut zu hören. Sie war die erste Brücke zu meiner Existenz als Mensch. Die erste Weltanschauung entsteht durch die erste Sprache. Nichts kann die erste Sprache ersetzen, denn sie geleitet uns ins Leben. Sie besteht nicht nur aus ihren zahlreichen Wörtern, lexikalischen und grammatikalischen Strukturen, die wir erlernen müssen. Zu ihr gehören auch die Ängste, Wünsche und Träume, das Wissen um das Verbotene und Erlaubte, das uns eingepflanzt wird.

Die erste Sprache birgt die Tiefe unserer Existenz. Ihre Wörter und Wendungen sind mehr als nur Mittel der Kommunikation. Durch sie erschließt sich uns das erste große Paradox des Lebens: der Unterschied zwischen »erlaubt« und »verboten«, der Unterschied zwischen »was macht mich glücklich« und »was schmerzt mich«. Ich empfinde die erste Sprache als meine wahre, denn sie ist Trägerin einer persönlichen Erfahrung, die durch keine andere, später erlernte Sprache gewonnen werden kann. Die Erfahrung des Menschwerdens ist in ihr verankert. Sie ist uns die wahre Stimme der Welt. Durch sie haben wir erfahren, was es bedeutet, jemandem gegenüberzustehen, der zu uns spricht, auch als wir selbst noch gar nicht sprechen konnten.

Ich nenne sie nicht »Muttersprache«, sondern »erste Sprache«, denn sie ist mehr als die Stimme der Mutter. Sie birgt den Klang aller uns umgebenden Dinge und jener Gefühle, deren Sinn wir durch die Höhen und Tiefen der Stimmlage, durch Melodie und Rhythmus der Wörter empfinden, noch bevor wir die Bedeutung der Worte richtig begreifen.

Die Erfahrung mit der ersten Sprache machen wir, bevor die Kraft des Denkens überhaupt erwacht ist. Diese allererste Berührung mit der Welt ist unverstellt, ungetrübt, reines Gefühl und leuchtet daher in den starken Farben der Emotionen. Hier wohnen all die Erfahrungen unserer Kindheit, bevor wir zu rationalen, wohlerzogenen Mitbürgern geworden sind. Sie ist der Spiegel unserer Existenz, bevor der Verstand die stärkere Macht in unserem Inneren wird. Die Worte der ersten Sprache treffen uns noch frei von prägenden Erfahrungen oder wissenschaftlichen Vorkenntnissen. Unsere Psyche, unser Charakter hat sich noch nicht ausgebildet und verfestigt, der Verstand hat seine Sensoren noch nicht aktiviert. Die erste Sprache ist das Idiom der Menschwerdung.

Auch unsere ersten Ängste sind mit der ersten Sprache verbunden. In ihr wird die erste Strafe ausgesprochen, die erste Liebe empfunden. Nur in ihr, und nie in einer zweiten Sprache, sprechen jene dunklen Gefühle und unzensierten Bedeutungen, die noch ganz nahe am Unterbewusstsein liegen.

Ihre bedeutendste Eigenschaft ist, dass man sie zunächst noch ohne klare Form und festgefügte Konturen erlebt. Um die Dinge zu beschreiben, stehen die vielfältigsten Möglichkeiten und Formen zur Verfügung. Sie ist eine ungeordnete Sprache voller Geheimnisse und Freiheiten, deren magische Kraft uns in ihre tiefgründige Dunkelheit zieht. Immer, wenn wir aus der geformten Welt aus Normen, unveränderlichen Urteilen und Gesetzen fliehen wollen und uns in jenen Raum des noch nicht

Geklärten und Festgefügten zurückziehen möchten, finden wir Zuflucht in den Geheimnissen der ersten Sprache. Bei ihr ist nicht die Grammatik das Entscheidende. Wir müssen nur auf ihre Gefühle horchen.

Die primäre Bedrohung der ersten Sprache ist nicht politischer Natur, sondern eine biologische und gesellschaftliche: Mit reifendem Bewusstsein entfernen wir uns von ihr. Wir werden ein Teil der Gesellschaft, und unsere urpersönliche Individualsprache geht über in die Allgemeinsprache, jene Standardsprache, auf deren Symbole und Bedeutungen wir uns geeinigt und die wir kollektiv akzeptiert haben. Dies ist nicht ohne Gefahren. Es kann ja geschehen, dass sich meine Sprache, die bis dahin meine ersten, persönlichen Erfahrungen getragen hat, in eine Sprache verwandelt, die mich auf ein Mitglied der Gemeinschaft reduziert und meinen individuellen, persönlichen Sprachgebrauch auslöscht.

Ich schreibe auf Kurdisch, weil dies jene persönliche Sprache ist, durch die ich zum ersten Mal die Welt zu hören bekam. Sie vermittelte mir, wie die Welt spricht. Durch sie nahm ich den Zauber wie die Gefahren des Mich-Ausdrückens wahr. Mich von dieser Sprache zu distanzieren, würde mich taub und stumm machen.

Die zweite Sprache sehe ich als jene, die wir später erlernen, in einem Alter, da wir der Natur bereits entrissen und zu sozialen Geschöpfen geworden sind. Jede Sprache, die wir als Erwachsene erwerben, steht unter der Kontrolle des Verstandes und in seinen Diensten, denn sie wird auf einem bereits gefestigten Fundament gebaut. Eine andere Sprache zu erwerben, bringt uns der weiten Welt näher, schenkt uns neue Blickwinkel und bereichert uns. Aber diese Sprache besitzt nicht den Schlüssel zu unserem Inneren. Sie ist keine starke Brücke in die dunklen Welten unserer Seele, unserer frühen Erfahrungen. In ihrer klaren, etablierten, zunächst uns fremd scheinenden Stimme hören wir eine Welt, die bereits vormodelliert wurde.

Das Verhältnis zwischen meiner ersten Sprache, dem Kurdischen, und der zweiten Sprache, dem Arabischen, das ich mit dreizehn Jahren erlernt habe, entspricht dem Unterschied zwischen Poesie und Wissenschaft. Das Kind in mir spricht immer noch Kurdisch. Jenes Kind, das sich noch immer ungezähmt, ungezügelt ausdrücken will. In einer Sprache, die sich von den gängigen Gebräuchen und Sitten nicht einschüchtern lässt, der es sogar gelingt, die festgefügten Strukturen durcheinanderzubringen.

Die zweite Sprache ist die Vernunftstimme jenes Mannes in meinem Inneren, der darum bemüht ist, alles in klarer, logischer Ordnung in sich und vor sich zu sehen. Die aber nicht in der Lage ist, die Erfahrung der Kindheit – des Kindes in ihm – und sein inneres Chaos zu vermitteln.

Die Frage ist: Kann Literatur auf das Kind in unserem Inneren verzichten?

Die Sprache besteht nicht nur aus Vokabular, Phonetik und Grammatik. Sprache zeichnet Bilder.

Als ich in meinen frühen Jugendjahren zu lesen begann, waren die Bücher auf dem kleinen Bücherregal zu

Hause auf Arabisch. Das meiste davon war übersetzte russische Literatur. Einige dieser Bücher hatten marxistische Inhalte und galten darum im Irak als verboten. Mein Vater hatte extra ein Versteck für politische Bücher in einem unserer Sofas eingerichtet. Diese geheime Büchersammlung war in meiner Jugend eine Quelle ständiger Angst und Bedrohung. Damals regte sich in mir Furcht vor Büchern. Und dass ich sie zunächst nicht ohne Hilfe lesen konnte, schmerzte mich. In jenen Jahren dachte ich, es gäbe keine Bücher auf Kurdisch und es dürfe auch keine geben. Ich glaubte, Arabisch sei die einzige Sprache, in der Bücher geschrieben werden.

Als ich dann Arabisch lernte, sprachen die Bücher arabisch zu mir, aber was in der Welt um mich herum geschah, geschah auf Kurdisch. Das Arabische stillte meine Lesesucht, befriedigte aber nicht meine Gefühle. Seit wir als Kind das Wort »Baum« gelernt haben, verbinden wir es mit den Kindheitserinnerungen. Es ist mehr als ein bloßes Wort, es erweckt das in uns schlummernde Kind zum Leben. Die Worte der ersten Sprache vergegenwärtigen die persönliche Vergangenheit. Sie sind nicht tot, sondern Lebewesen und Gefährten aus alten Zeiten, die Erinnerungen, Ängste, Schmerzen, Freude und Glücksmomente wecken.

Diese Kluft zwischen der Sprache des Lebens und jener der Bücher ist eine meiner frühen Erfahrungen. Die Bücher sprachen arabisch, aber alles andere in der Welt um mich herum sprach kurdisch zu mir: die Melodie der Natur, die Kinder auf den Straßen, die Hausfrauen in meinem Viertel, die Verkäufer in den Krämerläden – die Sprache des Lebens. Das Arabische gehörte zu einer anderen Welt, zu Menschen, die ich nicht sah und nicht sehen konnte. Arabisch entsprang einer Erde, die ich nicht kannte, die mir fremd war. Die kurdische Sprache war die geheime Sprache meines Inneren. Das Arabische war die Sprache der fernen Geheimnisse.

Auch die anderen Sprachen, mit denen ich in Berührung kam, lernte ich hauptsächlich über Bücher. Also nicht durch persönlichen Kontakt mit Muttersprachlern, sondern durch niedergeschriebene Symbole, die mich aus der Welt, in der ich lebte, hinaustrugen.

Ich denke, dass sich Autoren, die in einer zweiten Sprache schreiben, diese Distanz zur eigenen Welt suchen. Sie greifen bewusst nach einem Mittel, um sich von ihrer Realität und ihrer Kindheit zu distanzieren, um sich in einem anhaltenden Exil, einer selbst gewählten Verbannung einzurichten. Wer in einer zweiterworbenen Sprache schreibt, bricht Brücken zu sich selbst und seiner Vergangenheit ab. Solche Texte können gewiss gelungen und sinnreich sein. Aber die Sprache ist nicht nur da, um Sinn zu vermitteln. Die Sprache soll auch unsinnig sein dürfen, ihr Unsinn soll köstlich und kostbar sein.

Sprache ist mit all unseren Sinnesorganen verknüpft. Worte haben nicht nur Bedeutungen, sondern Geschmack, Geruch und Gewicht. Die wahren Worte, die ich mehr als nur verstehen, die ich fühlen, schmecken und erfahren kann, sind für mich jene der ersten Sprache.

Ich schreibe in der ersten Sprache, weil sie mir die Schatztruhe aller Farben, Düfte und Geschmäcker ist. Ohne sie könnte ich nicht über meine Welt schreiben.

Martin Heideggers Wort über »die Sprache als Haus des Seins« hat mir einen hohen Stellenwert. Es lässt mich ahnen, dass die Verbannung aus der eigenen Sprache grausamer ist als alle anderen Arten von Exil. Ich könnte jede Art von Exil durchstehen, aber eines der Sprache ist mir unvorstellbar. Menschen können weit von ihrer Heimat leben, aber das eigene »Sein« zurückzulassen, zerstört sie. Ich möchte Heideggers Satz variieren: »Wenn das Sein ein Haus besäße, dann wäre dies die erste Sprache.«

Weil ich in der kurdischen Sprache all jene Farben, Gerüche und Geschmäcker in mir aufbewahre, will ich sie bewahren. Aber es gibt es noch einen zweiten Grund, warum wir eine Verantwortung gegenüber Leben und Tod dieser Sprache tragen.

Die kurdische Sprache stand schon immer der großen Gefahr gegenüber, ausgelöscht zu werden. Ein Jahrhundert lang war die Anwendung der kurdischen Sprache in vielen Ländern verboten oder eingeschränkt. Zudem wurden ihr Hindernisse in den Weg gestellt, damit sich keine kurdische Buchproduktion entwickelte.

Kurdisch war beispielsweise in der Türkei nach dem Zusammenbruch des Osmanischen Reiches bis hin zum Ende des 20. Jahrhunderts strikt verboten. Bis heute arbeiten kurdische Medien sehr eingeschränkt und unter absoluter Kontrolle. Ein freier kurdischer Sender existiert so gut wie nicht. Sogar die türkischsprachigen pro-kurdischen Tageszeitungen sind ständigen Prozessen, Drohungen und Gefahren ausgesetzt. Sprechen, Schreiben, Veröffentlichungen und Singen in kurdischer Sprache sind in der Türkei bis heute gefährlich.

In Syrien sind Druckereien, Veröffentlichungen und Verlage für kurdische Werke nicht erlaubt. Bis vor Kurzem wurde Millionen von Kurden die syrische Staatsbürgerschaft verweigert. Im Iran waren zur Zeit der Schah-Herrschaft gesprochenes Kurdisch und kurdische Musik erlaubt, aber Veröffentlichungen auf Kurdisch verboten. In der Islamischen Republik war die Veröffentlichung von kurdischen Werken stark eingeschränkt und zensiert. Zur Zeit von Mohammad Chatami wurden zunächst freie kurdische Tageszeitungen ermöglicht, aber sehr bald wieder geschlossen.

Auch den Kurden im Irak wurde bis zum Jahre 1970 Kurdisch als Bildungssprache in Schulen und an Universitäten verwehrt. Nach einem Abkommen, bekannt als das Abkommen vom 11. März 1970, durfte in kurdischen Städten in kurdischer Sprache unterrichtet werden. Dennoch blieben Veröffentlichungen bis zum Ende von Saddam Husseins Herrschaft in der kurdischen Region 1991 beschränkt und zensiert. Der Staat stellte die Druckereien und Verlage unter strenge Beobachtung. Auf die Bewilligung für die Veröffentlichung eines in Kurdisch verfassten Buchs musste man oft Jahre warten.

Die Herrschenden waren schon immer der Meinung, eine Nation ohne Bücher könne besser kontrolliert und leichter unterdrückt werden. Die Verbote führten dazu, dass das Schreiben als Akt des Widerstandes gegen die Auslöschung der kurdischen Sprache empfunden wurde. Unsere Autoren und Intellektuellen standen vor der großen Verantwortung, die Sprache zu retten.

Diese Ausgangslage schenkte uns Schriftstellern eine große Chance: Am Ende des 20. Jahrhunderts hatten wir die Gelegenheit, in einer Sprache zu schreiben, in der zuvor kaum jemand wirklich zu schreiben gewagt hatte.

Wir fanden eine reich entwickelte, breit gefächerte mündlich überlieferte Literatur aus Hunderten von Mythen, Lang-Gedichten und Epen vor. Dies ist die Schatzkammer der kurdischen Literatur. Beim Großteil dieser überlieferten Literatur sind die Verfasser und Entstehungszeit unbekannt.

Aber auch die Poesie hatte schon eine lange Geschichte. Einer der bedeutendsten kurdischen Poeten war Ehmede Xani (1650–1707). Nach ihm brachten die Kurden eine Reihe von bedeutenden Poeten hervor.

Die Prosa aber hatte sich nur langsam und stockend entwickelt. Ihre Anfänge liegen Ende des 19. Jahrhunderts. Die erste Novelle wurde 1925 von Xamil Saieb verfasst. Mit dem Verbot der kurdischen Sprache im 20. Jahrhundert in manchen Staaten wurden die Veröffentlichungen rar, und auch die Sprachforschung versiegte beinahe gänzlich.

Uns ging also eine neue Tür auf, wir konnten die Ersten sein, diese bisher nur gesprochene, gesungene und seit Jahrtausenden in zahlreichen Epen vorgetragene Sprache in eine geschriebene Literatursprache, insbesondere in Prosa, zu verwandeln.

Die kurdische Sprache war wie ein reicher, verwunschener Zauberwald, den zu durchstreifen uns unzählige Überraschungen bescherte. Für die Romanliteratur war dieser Wald Neuland, seine dunklen Winkel waren noch nie erschlossen worden. Die anderen erworbenen Sprachen, in denen ich las, waren längst vielfältig erprobt, ihre Geheimnisse und Fähigkeiten waren bereits entdeckt, sie hatten feste Regeln, und es gab für alles und jedes ein zugeschnittenes Wort. Das Kurdische hingegen erschien mir als ein immenser, unerschlossener Rohstoff, ein ungehobener Schatz an Motiven, ein Reservoir an sprachlichem Material. Ich kam mir vor wie ein Maler, der unversehens eine überreiche Palette an noch nie erprobten Farben zu seiner Verfügung hat.

Selten haben in der Geschichte der Literatur Autoren die Möglichkeit gehabt, eine Sprache von ihren Ketten und Ängsten zu befreien. Als unsere Generation es zum ersten Mal wagte, mit dem Kurdischen zu experimentieren, glich sie einem wütenden Wirbel, dem wir zur Freiheit verhelfen durften. In der Poesie hatten wir die Kraft dieses Wirbels bereits zu spüren bekommen – als wir die Gedichte des Poeten Sherko Bekas lasen. Aber diese Sprache in alle Bereiche des Schreibens vordringen zu lassen, blieb uns als Aufgabe.

Etwa zehn Jahre lang schrieb ich auf Kurdisch, ohne eine Chance, veröffentlicht zu werden. Ich wusste, meine

Romane und Gedichte würden es niemals durch die Zensur von Saddam Husseins Sicherheitsapparat schaffen. Es waren Jahre des Übens, des Experimentierens und Entdeckens der verborgenen Winkel der kurdischen Sprache, ohne dass ich darüber nachdachte, verlegt zu werden. Dies verschaffte mir die Freiheit, ohne Zwang und unbeobachtet zu schreiben. Kurdisch hatte bislang nur meine Gefühle genährt, nun wurde es allmählich zu meiner Sprache auch des Nachdenkens.

Als ich zum Stift griff und auf Kurdisch schrieb, wollte ich zunächst meinen Emotionen, vor allem meiner Wut und meiner wilden, ungezähmten Seite Raum schaffen. Dann begann ich, meine Gedanken zu zügeln und bedachter vorzugehen. Meine Entscheidung für diese Sprache reifte. Ich entdeckte staunend, dass Kurdisch nicht nur zur Poesie, zu Emotion und Enthusiasmus taugt, sondern auch zur Reflexion. Dass ich meine abstrakten Überlegungen in kurdische Worte fassen konnte, war eine der tiefsten Erfahrungen, die ich mit dieser Sprache machte.

Niemals ist und wird es mir gelingen, diese Sprache aufzugeben, denn sie ist das einzige Terrain, auf dem ich mich auf dieser Welt wirklich heimisch fühle. Als Kurde ist mir vieles in der kurdischen Gesellschaft, aber auch der gesamten restlichen Welt fremd. Je stärker das Gefühl der Entfremdung, umso stärker wird mein Glaube an diese Sprache. Sie ist die Einzige, die ich als mein Haus des Seins, als den Ort des Nachdenkens und als Zufluchtsort betrachte.

Anfangs war mein oberstes Motiv, dass die kurdische Sprache gerettet werden müsse. Inzwischen habe ich das Gefühl, dass sie mich beschützt und rettet. Selbstverständlich verspüre ich die Schönheit und Kraft anderer Sprachen, wenn ich sie lese oder in ihnen schreibe, aber sie schenken mir keine Geborgenheit. In anderen Sprachen komme ich mir vor wie ein Fisch im Aquarium. Das Kurdische aber macht mich zum Fisch in einem stürmischen, aber ungefährlichen Meer, in dem ich sicher in jede Richtung schwimmen und jede Tiefe ergründen kann.

Im Exil und in Deutschland gewann die kurdische Sprache einen ganz besonderen Stellenwert. Die größte Veränderung im Exil war, dass die Sprache des Äußeren und die Sprache des Inneren nicht mehr dieselbe war. Dialog und Monolog, die »Sprache für die anderen« und die »Sprache für mich selbst« waren zu zwei unterschiedlichen Welten geworden.

Kurdisch wurde in Deutschland, inmitten von Menschen anderer Sprache, noch mehr zu jener geheimen, intimen Sprache meines Inneren. Ich schrieb nun nicht mehr, um von den anderen gehört zu werden, sondern um mit meinem Inneren in Kontakt zu bleiben. Im Exil wurde aufgrund meiner Entfernung zu Kurdistan aus dem Schreiben eine Art innerer Monolog. Die meisten meiner Werke entstehen wie im Selbstgespräch. Über die Figuren und Geschichten unterhalte ich mich mit mir selbst.

Eigentlich will ich dieses Selbstgespräch gar nicht veröffentlichen. Wenn das Buch dann erscheint, kommt es

mir vor, als sei es ein geheimes und persönliches Doku-
ment, das mir jemand mit der Absicht entwendet hat,
Geheimnisse über mich zu verbreiten.

Erinnerungen eines Lesers

Als die Nationalsozialisten 1933 die Macht übernahmen, wurden die Bücherverbrennungen zu ersten Signalen der dunklen Epoche, die auf Europa und die Menschheit zukam. Dass sich ideologischer Hass, geistige Verblendung und Vernichtungswut in Bücherverbrennungen austoben, dafür gibt es unzählige Beispiele in der Geschichte. Selten aber wurde die Umkehrung beleuchtet – wenn Bücher von Buchliebhabern verbrannt werden. In meinem Leben habe ich diese Kehrseite oftmals erlebt: Bücher wurden versteckt oder gar verbrannt.

Schon vor der Ära Saddam Husseins zählten Bücher im Irak zu den gefährlichen Gütern. Wer mit gewissen Büchern aufgegriffen wurde, war in großer Gefahr. Wer sie zu Hause hatte, fühlte sich nie sicher. Drohte eine Hausdurchsuchung, begannen die Besitzer, ihre Bücher zu verstecken. Wurde die Gefahr jedoch zu groß, so sah man sich gezwungen, seine Bücher zu verbrennen. Alle meine Freunde mussten zumindest einmal ihre gesamte Bibliothek vernichten. Manche verbrannten ihre Bücher selbst, oder Angehörige taten es, um Schwierigkeiten abzuwenden. Jene, die es nicht über sich brachten, hoben tiefe Gruben aus, um die Bücher darin zu versenken.

Es ist nicht verwunderlich, dass die meisten wichtigen Bücher, die ich in meiner Jugend gelesen habe, zumindest einmal von der Dunkelheit der Erde verschlungen wurden. Meine Kindheit war geprägt von der Gefahr, die von Büchern ausging. Bis heute sind sie für mich mit dem Gefühl von Schuld und Verfehlung verbunden.

Unser Zuhause war voll von verbotenen Büchern. Für meine Großmutter väterlicherseits, die ihr ganzes Leben lang keine Friedenszeit erleben durfte, war jedes Buch eine Quelle von Angst und Schrecken. Mein Vater war mit seinen vielen verbotenen Büchern in ständiger Gefahr. Da ich als Kind meiner Großmutter sehr nahestand, übertrugen sich ihre Ängste auf mich. Sie pflegte zu sagen: »Wenn wir mit diesen Büchern erwischt werden, richten sie uns alle hin!« Eines Tages befahl sie meiner Schwester und mir, sie im Hof auf einen Haufen zu stapeln und anzuzünden, um unsere Familie zu schützen, um uns von diesen Monstern zu befreien, die unser Leben bedrohten.

Die Bücher waren in einem langen Sofa versteckt gewesen. Mein Vater hatte eigens einen Tischler beauftragt, ein Versteck zu schaffen, das keinen Verdacht hervorrufen würde. Mit der Zeit sammelten sich dort so viele Bücher an, dass man beim Bewegen des Sofas unweigerlich das viel zu große Gewicht bemerken musste. Mein Vater und mein Onkel waren untröstlich über den Verlust ihrer Bibliothek, diese Bücher waren nicht mehr erhältlich, er hatte sie über viele Jahre hinweg zusammengetragen.

Die beiden machten uns Kindern die heftigsten Vorwürfe. Meine Strafe war, dass der Onkel mich nicht, wie versprochen, ins Kino Rashid in Sulaimaniya mitnahm, um *El Dorado* mit John Wayne anzusehen. Noch Jahre später, als mir die Schönheit und Bedeutung der Bücher bewusst war, suchte mich die Erinnerung an diese Bücherverbrennung, das Vernichten der Bücher immer wieder heim. Viele meiner Freunde erzählten mir ähnliche Geschichten. Auch sie hatten aus Angst ihre Bücher verbrannt. Bis zum Jahr 1991, als Saddam Hussein seine Streitkräfte aus unserer Stadt zurückzog, blieben Bücher gefährlich. Nur wenige Häuser hatten eine Bibliothek, und wenn, dann standen darin nur die Bücher der Staatsverlage auf den Regalbrettern.

Ich erinnere mich nicht mehr genau, wann meine Liebe zu den Büchern die Angst vor ihnen besiegte. Mit einem Gedichtband des kurdischen Poeten Abdullah Goran begann schließlich meine Hinwendung zum Buch.

Wenn meine Großmutter ihre unzähligen Geschichten erzählte, flocht sie immer wieder ein, in Büchern stehe ja auch nichts anderes als unsere alltäglichen Worte und Gespräche. Da sie erlebte, welche Gefahr von Worten ausgehen konnte, schärfte sie uns immer wieder ein: »Achtet auf eure Zunge! Die Wände und Bäume haben Ohren!« Worte und Schrift, Gesprochenes und Gedrucktes schienen ihr gleichermaßen gefährlich, eine Quelle der Angst.

Umso erstaunter war ich bei der Begegnung mit dem Gedichtband von Abdullah Goran, als mir klar wurde, dass die Sprache der Bücher nichts mit der Welt der gesprochenen Worte zu tun hat. Meine Zuneigung zu Büchern erwachte, als mir bewusst wurde, dass das gedruckte Wort eine ganz eigene Form von Sprache und Erzählung ist. Auf solche Weise hatten die Menschen in meiner Umgebung nie geredet. Aus den Büchern drangen noch nie gehörte Stimmen an meine Ohren. Ihre Andersartigkeit überwältigte mich, weckte meine Neugier und zog mich hinüber in die Welt der Bücher. So werden Menschen, glaube ich, zu Lesenden – wenn sie erleben, dass Bücher in einem Ton sprechen, der in der Welt draußen nicht zu hören ist. Und dass sie Dinge erzählen, die außerhalb mit solcher Klarheit nicht zu sehen sind. »Kann es so etwas geben? Ist das möglich?« Diese Fragen machten mich zu einem Leser.

Zwei Romane stellten mir diese Frage besonders tiefgreifend: *Moby Dick* und *Robinson Crusoe*. Beide klangen unglaubwürdig für einen Jungen, der in einer kleinen, von Bergen umgebenen Stadt lebte. Aber genau dies war der Grund für meine Faszination. Hätte mir jemand gesagt, sie beruhten auf wahren Begebenheiten, hätte das Lesen für mich den Genuss verloren. Die Magie der Romane liegt darin, dass sie sich zwischen Realität und Erfindung bewegen, zwischen Sein und Nichtsein, zwischen dem Möglichen und dem Unmöglichen. So öffnete sich für mich die Welt der Literatur, in der nie gesagt werden konnte: »Ja, genau so geschah es!« In der aber auch nie mit Gewissheit behauptet werden kann, dass solches nie geschehen könnte.

Wer die Belletristik meidet, macht einen Bogen um das Genre, das auf die Fiktion baut und nicht auf die Gewissheit. Wissenschaft, Politik und Religion suchen und fordern Gewissheit. Die Literatur aber spielt mit Unsicherheit und Unbestimmtheit. Der Literaturleser ist ein Geschöpf, das nach dem Außergewöhnlichen und Ungewissen sucht. Natürlich wissen wir, dass die Romane, die wir gelesen haben, nicht wirklich so geschehen sind. Aber wer würde die Möglichkeit ausschließen, dass sie irgendwann genau so geschehen könnten?

Eines Tages, als ich noch Schüler war, wurde ich an einem Checkpoint aufgehalten. Der arabische Soldat durchsuchte meine Tasche, fand ein Buch und fragte mich, was das sei.

»Das ist ein Roman«, antwortete ich respektvoll. Ich dachte, ihn so beschwichtigen zu können.

»Du glaubst wohl, erfundene Geschichten sind ungefährlich?«, erwiderte er grob. »Ein schöner Zeitvertreib?« Er überlegte kurz und knurrte: »Was ein rechter Soldat ist und dem Land dienen will, muss einen klaren Kopf haben. Wenn du solche Bücher liest, bei denen du nicht weißt, ob es sich um eine Lüge oder die Wahrheit handelt, entsteht kein Glaube in dir, an dem du dich festhalten kannst. Sag nicht, so etwas sei ungefährlich! Wenn ich meine Überzeugung anzweifelte, würde ich nicht hier stehen!« Er gab mir das Buch zurück und ließ mich gehen.

Seine Worte überzeugten mich voll und ganz, vielleicht mehr als ihn selbst. Der Soldat wusste, dass die

Politik Menschen mit fester Überzeugung und unerschütterlichem Glauben braucht. Die Literatur bringt keine solchen Menschen hervor.

Die Großmutter und der Soldat am Checkpoint waren nicht die einzigen Menschen in meiner Umgebung, die vor Büchern Angst hatten. Viele beunruhigte, dass sich hinter den Buchdeckeln Unbekanntes verbarg. Andere wiederum hatten Angst, weil sie ganz genau wussten, was diese Bücher in sich trugen. Bücher schienen nie harmlos zu sein, nicht einmal in den Stadtbibliotheken. Ein Bibliothekar warnte mich, die Geheimpolizei kontrolliere immer wieder die Liste der Ausleihungen, um zu wissen, wer was las.

Ich stand also früh vor der Aufgabe, unterscheiden zu lernen, welche Bücher harmlos und welche gefährlich waren, um nicht in große Schwierigkeiten zu geraten.

Oft erkannte man sie am Bücherregal. Es war nicht ungewöhnlich, dass im einen Regal die ungefährlichen und im anderen die gefährlichen standen. Selbst die meisten Buchhandlungen hatten zwei Abteilungen. In der einen standen die ungefährlichen, aus meiner Sicht zugleich bedeutungslosen und kommerziellen Bücher von Autoren wie Ihsan Abdel Quddous, Muhammad Abd al-Halim Abd Allah, Anis Mansour, Mustafa Mahmoud, sowie qualitativ bedenkliche Übersetzungen von Autoren wie Alexandre Dumas, Jules Verne, Émile Zola, D. H. Lawrence.

In der zweiten Abteilung, der heimlichen, waren die bedeutenden Bücher verborgen. Es reichte nicht, als

Kunde ausreichend Geld bei sich zu haben, um diese geheime Abteilung, die wahre Buchhandlung, betreten zu dürfen. Man musste den Buchhändler kennen. Für einen mittellosen, namenlosen Jungen wie mich war es nicht leicht, an ein gutes Buch heranzukommen. Kein Buchhändler wäre bereit gewesen, mir die Tür zur Welt der gefährlichen und zugleich guten Bücher zu öffnen.

Deshalb hatte ich keine andere Wahl, ich las alles, was mir zwischen die Finger kam. Wer an gute Bücher nicht herankommt, kann es sich nicht leisten, wählerisch zu sein. In dieser Zeit der Diktatur empfand ich als besonders bedrückend, dass sie mich zwang, minderwertige Bücher zu lesen. Trotzdem las ich ohne Unterlass.

Die meisten meiner Freunde gaben das Lesen auf. »Es gibt keine Bücher mehr, die lesenswert sind«, meinten sie. Sie hatten zwar recht, aber ich meinte: Wer Bücher liebt, liest auch die weniger guten, vorausgesetzt, er ist sich dessen bewusst. Mein tröstliches Prinzip lautete: Wenn ich heute kein gutes Buch in die Hände bekomme, lese ich ein weniger gutes. War ich nicht ein Durstiger in einer Gegend, in der es nur schmutziges Wasser zu trinken gab? Da kann man nur überleben, wenn man sich dazu zwingt, das schmutzige Wasser zu trinken.

In meinem vierzehnten Lebensjahr hatten sich meine Arabischkenntnisse so weit verbessert, dass sie ausreichten, meinen Lesekreis auszudehnen. Nun wurde die Auswahl größer.

Zur selben Zeit gab es eine wesentliche Wende in meinem Leben: Mein Onkel mütterlicherseits, der seit einigen Jahren bei Radio Bagdad in der kurdischen Abteilung arbeitete, kehrte nach Sulaimaniya zurück, da seine Ehefrau verstorben war. Er wurde zum Direktor des Museums, in dem die Stadtbibliothek untergebracht war. Dass dieses Museum auch eine Bibliothek beherbergte, hatte ich bislang gar nicht gewusst. Als ich, gemeinsam mit meinen älteren Schwestern, zum ersten Mal den Onkel im Museum besuchte und die Bibliothek erblickte, fühlte ich mich, als hätte ich einen neuen Kontinent entdeckt. In den Regalen warteten unzählige Bücher darauf, gelesen zu werden. Unter den Autorinnen und Autoren war es üblich, der Bibliothek ein Exemplar jeder Veröffentlichung zu schenken, also waren hier auch vergriffene Romane zu finden. Dank dieser Bibliothek wurde ich mit vielen Schriftstellern vertraut.

Dennoch war es nicht einfach, bei meinem Onkel Bücher auszuleihen. Jeder in meiner Familie wusste, dass ich unablässig gelesen hätte, wenn sie mich ließen. Der Familienrat beschloss also, dass ich nur in den Sommerferien lesen durfte. Sie fürchteten, ich würde ansonsten die Schule vernachlässigen. Während der Schulmonate musste ich also heimlich lesen.

Mit den Schulferien aber begann für mich eine andere Welt. Einen Bücherstapel nach dem anderen trug ich aus der Bibliothek nach Hause und brachte ihn wenige Tage später wieder. Ich machte Bekanntschaft mit vielen der Großen: Nagib Machfus, Tawfiq al-Hakim, Hanna Mina, Abdu al-Wahhab al-Bayati. Ich las auch Guy de Maupassant, Honoré de Balzac, Stendhal, Flaubert,

Erskine Caldwell, Jack London, Somerset Maugham und viele andere.

Mit siebzehn begann ich, die Teehäuser aufzusuchen. Im Stadtzentrum lag ein Teehaus, wo sich abends Studenten einfanden. Dort lernte ich zwei Büchernarren kennen, die beide eine exquisite Geheimbibliothek besaßen. Die meisten dieser seltenen Bücher waren aus dem Libanon und aus Ägypten geschmuggelt worden. Bei diesen Studenten fand ich auch verbotene Bücher, die in der Bibliothek, die mein Onkel leitete, fehlten. Jedes dieser Bücher wurde einzeln aus dem Versteck hervorgeholt. Zuerst musste man eines fertig lesen, dann wurde es wieder in sein Versteck zurückgebracht und das nächste hervorgeholt.

Je mehr ich las, umso durstiger wurde ich, das war mein Dilemma. Denn mit dem Lesen erfuhren wir, wie viel Bedeutendes uns bisher entgangen war. Und wir machten die bestürzende Erfahrung, dass viele Meisterwerke gar nicht ins Arabische übersetzt waren. Aus eigener Erfahrung kann ich sagen: Das Schlimmste für einen Leser ist wohl die Erkenntnis, dass er wichtige Werke höchstwahrscheinlich nie wird lesen können.

Wir erkannten zudem, dass der Staat durch seine Verbote für den Mangel an Büchern verantwortlich war. Immer wieder stießen wir auf Autoren und Werke, die vergriffen und unauffindbar waren. Meine beiden Freunde und ich sparten Geld und fuhren nach Bagdad, in der Hoffnung, sie irgendwo zu beschaffen. Oft mussten wir mit leeren Händen zurückkehren. Gute Bücher

waren rar, und auch die Buchhändler in Bagdad fürchteten sich vor dem Geheimdienst. Selten traute sich jemand, verbotene Bücher illegal zu verkaufen. Auch die
erlaubten guten Bücher waren so teuer, dass sie für uns
oft unerschwinglich waren.

In jenen Jahren begann ich, mir Persisch anzueignen.
Da ich Kurdisch und Arabisch bereits beherrschte, fiel
mir diese zusätzliche Sprache nicht schwer. Eines Tages
traf ich im Teehaus einen Dichter, der eine Zeit lang in
Teheran gelebt hatte. Er war der Einzige, der mit großer
Liebe von der persischen Literatur schwärmte und vieles gelesen hatte, das nicht ins Arabische und Kurdische
übersetzt war. Er konnte zahlreiche Gedichte auswendig
und rezitierte bei jeder sich bietenden Gelegenheit Verse
von bedeutenden iranischen Poeten wie Ahmad Shamlou,
Sohrab Sepehri und Forugh Farrokhzad. Mit leuchten-
den Augen berichtete er von den Teheraner Buchhandlungen. Dort gebe es Bücher in Hülle und Fülle.

Also beschlossen wir: Auf nach Teheran! Aber die Frage
war: Wie dorthin gelangen? Beide Staaten hatten bereits
ihren blutigen Krieg gegeneinander begonnen. Wer mit
einem Zettelchen mit persischen Worten erwischt wurde,
wurde der feindlichen Spionage bezichtigt. So eine Reise
schien unmöglich.

Im Jahre 1985 beteiligte ich mich an Studentenprotesten, bei denen ich verletzt und verhaftet wurde, worauf-
hin ich die Universität verließ. Gemäß den damaligen
Gesetzen hätte ich nun zur Armee und in den Krieg
ziehen müssen. Aber ich wollte nicht Soldat werden,

geschweige denn mich am Krieg beteiligen, den ich verabscheute. Das wäre mit meiner Weltanschauung unvereinbar gewesen.

Ich sah in diesem Land keinen Platz mehr für mich, ich musste es verlassen. Im Irak zu bleiben, hätte bedeutet, dass ich mich für immer verstecken musste. Eine weitere Verhaftung hätte meine Hinrichtung bedeutet.

Die einzigen Grenzlinien zwischen Irak und Iran, die man illegal überwinden konnte, lagen in den Bergen um Sulaimaniya. Aber die Route in den Iran war beschwerlich. Auch ging die Armee der Islamischen Republik gleichzeitig blutig gegen die rebellischen Kurden im Iran vor. Trotz allem blieb mir keine andere Wahl, als den gefährlichen Weg durch die umkämpften Gebiete auf mich zu nehmen, um von Iran aus in ein anderes Land zu gelangen. Das Einzige, was mich auf dieser riskanten Reise tröstete, waren die Buchhandlungen in Teheran.

Mein Leben im Iran war voller Hindernisse. Irakische Staatsbürger, die Asyl beantragt hatten, waren alle in einem Flüchtlingslager in der Stadt Karadsch, eine halbe Stunde Fahrt von Teheran entfernt, untergebracht. Der iranische Nachrichtendienst verwaltete diese Lager. Einmal in der Woche war es gestattet, für ein paar Stunden nach Teheran zu fahren, vorausgesetzt, man war vor Einbruch der Dunkelheit wieder zurück im Lager.

Um mir die Flucht zu ermöglichen, hatte meine Mutter ihre wenigen Schmuckstücke verkauft. Mit dem wenigen Geld, das ich hatte, musste ich sparsam umgehen. Dennoch gab ich es aus für Bücher, denn mein Lesehunger war größer als alle anderen Bedürfnisse. Jedes Mal, wenn ich nach Teheran fuhr, verbrachte ich jede Minute in Buchhandlungen. Was ich mir leisten konnte, kaufte ich. Was zu teuer war, las ich auf ungewohnte Weise: In der einen Buchhandlung las ich die ersten paar Seiten, wechselte die Buchhandlung und las dort weiter. Mit jedem Kapitel wechselte ich den Ort. Bei der nächsten Fahrt nach Teheran las ich weiter, wo ich das letzte Mal hatte abbrechen müssen.

Die gekauften Bücher stapelten sich allmählich unter meinem Bettgestell im Flüchtlingslager, bis mich die Freunde warnten, es könne den Argwohn der Soldaten der Islamischen Republik erwecken, dass ein Flüchtling so viele Bücher angehäuft hatte. Das konnte böse enden, meine Freunde hatten recht, aber ich konnte das Lesen nicht unterdrücken.

Einmal bekam ich die Erlaubnis, bei Bekannten außerhalb des Flüchtlingslagers zu übernachten. Zu meinem Glück führte der iranische Nachrichtendienst eine Razzia im Lager genau in dieser Nacht durch. Zahlreiche irakische Flüchtlinge wurden verhaftet und ins berüchtigte Semnan-Gefängnis gebracht. Es war üblich, dass Verhaftete dort ohne Verhör oder Gerichtsurteil für drei Jahre festgehalten wurden. Ich hatte das Glück, in jener Nacht nicht anwesend zu sein, ansonsten hätten sie mich auch verhaftet. Meine Bücher wurden beschlagnahmt und mein Name vermerkt. Nun musste ich befürchten, an einem der vielen Checkpoints verhaftet und nach Semnan gebracht zu werden.

Der Verlust meiner Bücher stürzte mich in große Wehmut und war auch der Grund für meine Überlegung, wieder in die kurdischen Gebirge im Irak zurückzukehren. Auf Anraten meiner Bekannten und Freunde trat ich schließlich die gefährliche Rückreise an. Der Weg dorthin war übersät mit Gefahren. Dass ich bei meiner Rückkehr kein einziges Buch mitnehmen konnte, war für mich das Schlimmste. Nach einem viertägigen Fußmarsch über die Berge, vorbei an der Grenzstadt Saradasht, betrat ich wieder irakischen Boden.

Während meiner Zeit im Iran hatte die irakische Armee Hunderte kurdische Dörfer zerstört und deren Bewohner zwangsumgesiedelt. Manche der verlassenen Lehmhäuser standen noch. Die politische Lage war brandgefährlich. Aufgrund des Iran-Irak-Kriegs waren die Straßen gesperrt.

Manche meiner Freunde versteckten sich in den verbliebenen Häusern der zerstörten Dörfer. Auch sie konnten, wie ich, nicht in die Stadt zurück. Wir richteten uns in einem Häuschen ein, das verschont geblieben war. Da dieses Dorf in einem unzugänglichen Berggebiet lag, hatten sich die irakischen Streitkräfte zurückgezogen, in einem Umkreis von Dutzenden Kilometern war es frei von Militär.

Der Weg ins nächste bewohnte Dorf, Siya Gwez, wurde nicht kontrolliert. Alle zwei Wochen einmal marschierten wir dorthin, um uns mit dem Notwendigsten einzudecken. Ich lebte etwa acht Monate an diesem abgeschiedenen Ort. Mein größtes Problem war das Fehlen von Büchern. Dort schrieb ich meinen ersten Roman.

Wie lange würden wir in dieser Wildnis noch ausharren müssen? Die Zusammenstöße zwischen den kurdischen Streitkräften und der irakischen Regierung wurden Tag für Tag blutiger, die bisher verschonten Bergregionen wurden immer mehr in die Kämpfe hineingezogen.

In jenen Monaten, mit meinen Freunden in den Bergen an der Grenze, war ich in Gedanken ständig bei den Büchern und Buchhandlungen in Teheran. Nachts träumte ich von einer großen Buchhandlung, in der ich sorglos lesen konnte. Ich spielte mit dem Gedanken, mich illegal mit Schmugglern auf den Weg nach Teheran zu machen, um Bücher zu holen. Aber ich hatte für eine solche Unternehmung nicht genügend Geld. Was ich bei mir hatte, musste ich für Notfälle aufbewahren.

Aber wie sollten wir ohne Bücher leben, fragten wir uns. Einem der Freunde ging es finanziell gut. Er bot an, alle Kosten zu übernehmen, vorausgesetzt, ein Freund und ich würden ihn in den Iran begleiten, um Bücher auszusuchen. Es war ein riskantes Unterfangen. Wir hatten keine Genehmigung, in den Iran einzureisen und uns in iranischen Städten aufzuhalten. Vom nächstgelegenen iranischen Dorf konnten wir nicht weiter ins Landesinnere weiter, da Straßen und Wege, die zu Städten führten, streng bewacht waren. Selbst die Einwohner dieses Dorfes konnten nur mit Genehmigung in die Städte. Ohne eine Genehmigung war es unmöglich, die Checkpoints zu passieren.

Durch die Wildnis mussten wir uns über einen gewundenen Pfad durchschlagen. Manche Gebiete standen unter Kontrolle der kurdischen Rebellen, andere kontrollierte die irakische Armee. Wir mussten die Stadt Baneh erreichen, denn der Freund, den wir begleiteten, hatte dort einflussreiche Verwandte, die uns eine Genehmigung für einen kurzen Aufenthalt zum Zweck einer Behandlung im Krankenhaus besorgen konnten.

Einen Teil unseres Geldes mussten wir an einen Schlepper zahlen, um nach Baneh zu gelangen, was wiederum bedeutete, dass wir weniger Bücher würden kaufen können, was mir große Sorgen machte.

Wir kamen heil in Baneh an. Als die Verwandten unseres Freundes den Grund unserer Reise erfuhren, sahen sie uns völlig entgeistert an. Alle meinten, wir wären übergeschnappt.

Nun ging es weiter nach Teheran. Wir hatten keine vollständigen Dokumente, nur eine Bestätigung für den Arztbesuch. Auf dem Weg musste ich mich schwer krank stellen, damit sie mich an den Checkpoints nicht lange verhörten. Die Fahrt mit dem Bus unternahmen wir nachts, weil dann die Soldaten müde waren und weniger gründlich durchsuchten. Wie durch ein Wunder gelangten wir unbehelligt nach Teheran.

Wir suchten einen alten Freund auf, der seit vielen Jahren dort lebte. Wir aßen nur wenig, um mit dem Geld möglichst viele Bücher kaufen zu können. Oft gingen wir mit knurrenden Mägen in die Buchhandlungen. Mich schmerzte, dass ich zum zweiten Mal jene Bücher kaufen musste, die sie im Flüchtlingslager beschlagnahmt hatten, und machte mir Sorgen, dass ich auch diesmal die Bücher nicht würde behalten dürfen. Ich dachte bei mir: Wenn ich diese Bücher noch einmal verliere, gebe ich das Lesen für immer auf.

Im Orient Leser zu sein, ist eine sehr schwierige Angelegenheit. Oft ist es lebensgefährlich. Ich kam mir vor, als wäre ich Mitglied einer verbotenen, politischen Untergrundbewegung. Während wir die Bücher kauften, konnten wir die Gedanken an die Gefahren auf dem Rückweg nicht verscheuchen.

Vielleicht fragt sich jemand: Die Bücher lagen im Bazar ja offen aus, warum soll dann der Transport gefährlich sein? Die Staaten im Orient, also auch der Iran, fürchten nicht die Bücher selbst, sie fürchten die Leser. Ein wahrer Leser mit vielen Büchern ist immer suspekt. Der Staat will nicht offen als kulturfeindlicher Bücherhasser erscheinen, im Gegenteil, er gebärdet sich als Hüter der Buchkultur. Dem Leser aber zeigt er sein unverhülltes Misstrauen.

Ich würde sagen: Bücher haben im Allgemeinen mehr Rechte als ihre Leser. Bücherverbote werfen kein gutes Bild auf das politische System, aber das System kann einen unbescholtenen Bürger bestrafen, ohne Konsequenzen fürchten zu müssen. Gewiss werden seit vielen Jahren immer wieder Bücher verboten, dennoch gilt die Regel: Leser sind gefährlicher als Bücher. Ein Leser, auch wenn er keine verbotenen Bücher liest, ist für die Machthaber im Orient eine potenzielle Bedrohung. Ihre

Politik kann auf eine einfache Formel gebracht werden: Bücher sind wie ein Virus, das wir nicht verbieten können, aber wer sich mit diesem Virus infiziert, den können wir ausmerzen. Viren kann man nicht eliminieren, wohl aber die Kranken.

Wir füllten zwei große Jutesäcke mit Büchern und wickelten die Bände so ein, dass sie nicht sofort erkennbar waren. Unser Freund in Teheran, bei dem wir schliefen, bat einen befreundeten Busfahrer, uns wieder nach Baneh zu bringen. Er bekam eine Menge Geld und sollte dafür an den Checkpoints, falls die Bücher entdeckt wurden, behaupten, sie seien für einen Buchhändler in Baneh bestimmt. Der Trick wirkte, sie danach aber in den Irak zu bringen, war gefährlich.

Jeder von uns musste einen Teil der Bücher übernehmen, getrennt voneinander machten wir uns auf den Weg. Jeder stieg in ein anderes Auto, die Arztbestätigung in der Tasche. Ich passierte die Checkpoints ohne Probleme, aber unser Freund, der alles finanziert hatte, wurde von den iranischen Soldaten an einer Straßensperre festgenommen. Man beschuldigte ihn, er würde Bücher für bewaffnete iranische Marxisten, die in den Bergen gegen den iranischen Staat kämpften, schmuggeln. Sie nahmen ihm die Bücher ab und steckten ihn ins Gefängnis. Nach ein paar Wochen kam er durch Beziehungen von Verwandten frei, aber die beschlagnahmten Bücher waren für uns verloren. Dennoch hatten wir den größeren Teil gerettet, und dass unser Freund wieder freikam, war für uns Grund zu großer Freude.

Die Berge Kurdistans hatten uns diesen unzugänglichen Ort geschenkt, der für die irakischen Streitkräfte uninteressant war. Wir begannen wieder, Tag und Nacht zu lesen. Diese verrückten Monate waren meine glücklichste Zeit als Leser. Zwischendurch unternahmen wir Wanderungen oder hörten aus dem Radio Musik. Meine Freunde nannten es ein hartes Leben, aber ich war unbesorgt und glücklich. Noch nie zuvor hatte ich mich so intensiv dem Schreiben und dem Lesen widmen können. Ja, es lohnte sich, für manche Bücher sein Leben aufs Spiel zu setzen.

Der Winter allerdings wurde hart in dieser ungezähmten Natur. Wir mussten viel Zeit damit verbringen, den Schnee zu beseitigen, Brennholz zu besorgen und Trinkwasser herzustellen, da die Quellen im Winter zufroren. Nach eineinhalb Jahren waren meine Freunde vom Leben in der Wildnis erschöpft. Einer von ihnen erhielt über Kontaktpersonen die Nachricht, dass er die Zulassung an eine europäische Universität bekommen hatte, der andere ging mithilfe eines Freundes nach Syrien. Für ein paar Monate blieb ich allein in den Bergen, aber das Leben wurde schwierig. Einen zweiten Winter würde ich alleine nicht schaffen. Es gab nur einen Ausweg: illegal in die Stadt zurückkehren und dort untertauchen.

Ein wenig Geld hatte ich noch. Eines Nachts ging ich zu einem Schlepper ins nächstgelegene iranische Dorf und bot ihm das Geld an, damit er mich mitsamt meinen Büchern in das irakische Dorf Bachiaschi brächte. Nach harten Verhandlungen konnte ich ihn zum Einwilligen bringen, unter der Bedingung, dass ich ihm bei der Ankunft noch eine Nachzahlung besorgte.

Zwei Tage lang waren wir durch die Wildnis unterwegs, ein gefährlicher Fußmarsch, mit vielen Unterbrechungen. Aus der Ferne sahen wir die Luftangriffe und Bombardements. Unser Weg führte über den Berg Gmo, einen zerklüfteten Zweitausender. Wir konnten nur nachts unterwegs sein, durften weder Licht noch Feuer machen, um nicht von Soldaten entdeckt zu werden. Der Weg war so schmal, dass nur Maultiere, die mit ihm vertraut waren, zurechtkamen.

Es war für mich ein außergewöhnlicher Moment, als ich meine Bündel mit Büchern von Hegel, Ernst Cassirer, Karl Popper, Wittgenstein, Heinrich Böll und vielen anderen der Intelligenz dieser Tiere anvertrauen musste. Und mein eigenes Leben natürlich auch. Es war zum Lachen und zum Weinen gleichzeitig, denn es war ein eindeutiges Zeichen für den Verfall der Zivilisation im Orient. Als wir aufbrachen, als ich mein Maultier bestieg, sagte ich dem Tier zum Spaß: »Liebes Muli, ich vertraue dir mein Leben und das Überleben dieser Bücher an, die einen wichtigen Teil der menschlichen Zivilisation beherbergen, weil ich glaube, dass du diese Aufgabe besser erfüllen kannst als die Menschen.«

So war es denn auch. Acht Stunden in der Finsternis, über schmale Pfade, durch steil abstürzende Hänge schritt dieses Tier trittsicher voran und brachte mich heil in die Nähe von Sulaimaniya, ins Dorf Bachiaschi, das von den Peschmerga kontrolliert wurde. Dort lebten

Verwandte meiner Mutter. Ich borgte mir Geld, um meinen Schlepper auszuzahlen, nicht aus Respekt für ihn selbst, sondern als Wertschätzung für dieses intelligente Tier.

Mein Plan war, meine Familie in Sulaimaniya zu benachrichtigen, um mit ihrer Hilfe heimzukehren. Die kurdischen Dschasch, die Kollaborateure des Regimes, beförderten Zahlungswillige mit Autos in die Stadt. Ihre Fahrzeuge wurden an den Checkpoints von der Armee nicht streng kontrolliert. Aber die Bücher mitzunehmen war unmöglich, so viele konnte man in einem Wagen nicht verstecken. Außerdem waren sie auf Persisch, weswegen die Dschasch eine Mitnahme verweigerten, um nicht unter den Verdacht von Spionage und Propaganda für das iranische Regime zu geraten.

Also ließ ich sie zurück in der Hoffnung, meine Verwandten würden sie später unter Schmuggelware aus dem Iran mischen und so nach Sulaimaniya schaffen können. Zu dieser Zeit wurde iranische Billigware wie Plastikteller und Dosennahrung in den Irak über die Grenze gebracht und nachts aus den umliegenden Dörfern in die Stadt geschmuggelt.

Zurück in meiner Stadt, war es ein Glück, die Familie und alten Freunde wieder zu treffen. Aber ich galt seit drei Jahren als Deserteur, und eine Festnahme hätte meinen Tod bedeuten können. Ich musste mich verstecken und durfte nur selten auf die Straße.

Zwei Monate später kamen meine Bücher nach. In diesen zwei Monaten fraß mich meine innere Unruhe beinahe auf. Jede Nacht hatte ich zwei Träume. In dem einen umzingelten die Soldaten Saddam Husseins unser Haus, und ich wurde verhaftet. Jedes Mal schreckte ich panisch auf. Im anderen Traum erreichte mich die Ladung Bücher, und wieder fuhr ich aus dem Schlaf empor, diesmal aber aus Freude.

Als die Bücher ankamen, war ich so glücklich, dass ich sie für ein paar Tage nur anstarrte, ohne zu lesen. Sie waren meine Gefährten in den Bergen gewesen, ihre unversehrte Ankunft in der Stadt empfand ich wie die Rettung eines geliebten Menschen. Mein wertvollster Besitz war bewahrt. Meine Freunde und ich würden für immer Nutzen aus diesen Büchern ziehen können. Bis heute staune ich, wie stark damals meine naive Liebe zu ihnen war.

Es waren so viele, dass wir nur einen Teil bei uns zu Hause verstecken konnten. Meine Freunde waren überglücklich und boten an, einen Teil zu sich zu nehmen. Aber ich machte mir Sorgen und wollte sie nicht auf diese Weise verstreuen, sie könnten verloren gehen. Wieder stand ich vor dem ewig wiederkehrenden Problem: wie die Bücher verstecken?

Meine Mutter hatte große Angst, der Staat könnte bei einer Hausdurchsuchung persischsprachige Bücher finden. Zweifelsohne hätten die Soldaten unser Haus sofort dem Erdboden gleichgemacht. In unserem Viertel wurden aus geringeren Gründen Häuser zerstört und Menschen hingerichtet.

Eines Abends bat mich mein Vater, ihn hinauszubegleiten. Drei Gassen weiter zeigte er mir ein zerstörtes

Haus und sagte: »Sieh dir das an. Das ist das Haus von Lehrer Mohammed. Wegen verbotenen Büchern haben sie alle Bewohner hingerichtet und das Haus abgerissen. Überlege dir gut, was du mit deinen Büchern machst.«

Als ich das sah, überlegte ich, zumindest ein vorübergehendes Versteck zu finden, um uns nicht in Gefahr zu bringen. Einer meiner Freunde kannte jemanden, der ein sehr gutes Versteck für Bücher hatte. Dort könne ich jene, die ich derzeit nicht las, unterbringen und mir die anderen nach und nach holen. Ich kannte diesen Mann nicht, aber ich hatte viel Vertrauen in diesen Freund.

Eines Nachts brachten wir mit dem Auto meines Freundes die Bücher zu seinem Bekannten. Ein dunkelhäutiger, zerbrechlicher Mann namens Wehab empfing uns. In seinem großen Versteck lagen bereits Tausende von Büchern. Er sagte: »Mach dir keine Sorgen, deine Bücher finden hier Platz. Wenn du eines brauchst, schick deinen Freund, und du bekommst es. Aber komm nicht selbst. Ich will nicht, dass Verdacht auf mich fällt durch zu viel Kommen und Gehen. Du bist ja nicht der Einzige, es gibt viele, die ihre Bücher hier verstecken.«

Acht Monate danach wurde Wehab von einem Unbekannten denunziert und verhaftet. Die Bücher wurden beschlagnahmt. Ein paar Monate später wurde Wehab in Mosul am Galgen aufgehängt. Mein Schock und meine Trauer um ihn waren kaum erträglich. Er musste sein Leben lassen, nur weil man Bücher bei ihm gefunden hatte.

Seine Hinrichtung und der Verlust der Bücher warfen

mich völlig aus der Bahn. Ich war wie von Sinnen und entschied, mich nie mehr den Büchern und dem Schreiben zu widmen. Eine Zeit lang hasste ich Bücher sogar. In meiner Anwesenheit durfte niemand das Wort »Buch« in den Mund nehmen. Der Schmerz war zu groß. Mich von diesem Schock zu erholen, brauchte lange Zeit.

Als ich einige Jahre später nach Europa aufbrach, hinterließ ich meine restlichen Bücher einem Freund. Bis heute steht ein Teil davon in seinem Bücherregal. Jahre später besuchte ich Kurdistan und nahm ein paar von ihnen mit nach Europa. Hier stehen sie nun, eingereiht unter Hunderte von anderen Büchern. Bis heute stechen sie für mich hervor, weil hinter ihnen eine bittere Geschichte steckt.

Hin und wieder nehme ich das eine oder andere zur Hand. Jedes verwandelt sich dann in ein Stück bitteren Lebens. Ich spüre, wie müde und erschöpft sie sind. Sie erzählen vom Leben eines Lesers, der bereit war, die Erde auf der Suche nach Büchern zu durchwandern.

Als ich nach Europa floh, fand mein erstes Verhör als Flüchtling gleich am Flughafen Frankfurt statt. Der Polizist bat den Dolmetscher, mich zu fragen, warum ich nach Deutschland gekommen war.

Erschöpft lächelnd antwortete ich: »Dafür gibt es viele Gründe. Aber hauptsächlich bin ich gekommen, um in Ruhe lesen zu können.«

Verwundert sah mich der Polizist an und meinte: »So etwas habe ich noch nie gehört. Wir geben hier niemandem Asyl, um lesen zu können.«

Ich lächelte und erwiderte: »Nein, das war nur Spaß. Hören Sie meine wahre Geschichte ...« In diesem Augenblick dämmerte mir, dass Leser wohl nirgendwo auf dieser Welt besonders beliebt sind.

Nachweise

Das Lächeln des Diktators erschien erstmals im gleichnamigen Essayband, Rahand-Verlag, Sulaimaniya 2020.

Gott, der Staat und die Technik erschien erstmals im Essayband *Kritik der faschistischen Vernunft*, Endeshe-Verlag, Sulaimaniya 2015.

Die Rückkehr des Erlösers erschien erstmals 2014 in der Zeitung *Bas*, Erbil.

Im Spiegel der Selbsterkenntnis erschien erstmals 2011 in der Wochenzeitung *Awena*, Sulaimaniya.

Der Kriminalroman und die großen Verbrechen erschien erstmals im Essayband *Die Fesseln von Don Quijote*, Rahand-Verlag, Sulaimaniya 2021.

Warum ich auf Kurdisch schreibe erschien in deutscher Übersetzung erstmals in: Barbara Siller u. Sandra Vlasta (Hg.), *Literarische (Mehr)Sprachreflexionen*, Praesens Verlag, Wien 2020.

Alle Texte wurden vom Autor für diese Ausgabe überarbeitet. *Erinnerungen eines Lesers* ist bisher unveröffentlicht und wurde für diesen Band geschrieben.

Zitat S. 74 f.: Aus Thomas de Quincey, *Der Mord als eine schöne Kunst betrachtet*. Neu herausgegeben und bearbeitet von Gerhild Tieger. Aus dem Englischen von Alfred Peucker. Autorenhaus Verlag, Berlin 2004.

Der letzte Granatapfel

An Bord eines Bootes, das ihn zusammen mit anderen Flüchtlingen in den Westen bringen soll, erzählt Muzafari Subhdam seine Geschichte. Nach einundzwanzig Jahren Gefangenschaft in der Wüste begibt er sich auf die Suche nach seinem Sohn, in einem Land, das er nicht mehr kennt.

Die Stadt der weißen Musiker

Als man dem kleinen Dschaladat die Flöte zum ersten Mal in die Hand drückt, entlockt er ihr Klänge, die alle verzaubern. Im Krieg muss er in einer namenlosen Stadt der Bordelle all seine Kunst wieder verlernen. Ein rätselhaftes Mädchen beschützt ihn und führt ihn auf einen Weg in die Tiefen seines Landes, der unsere Vorstellungskraft übersteigt.

Perwanas Abend

Für Perwana und ihre Freundinnen hat das tägliche Leben unüberwindbare Grenzen. Die Väter, die Brüder, aber auch die tyrannischen Hüterinnen von Sitte und Glauben sitzen ihnen im Nacken. Eine nach der anderen verschwindet aus der Stadt – zusammen mit ihrem Geliebten. Wo ziehen sie hin?

Mein Onkel, den der Wind mitnahm

Djamschid Khan ist hinter dicken Gefängnismauern dünn geworden. Leicht wie Papier, sodass ihn eines Tages ein Windstoß erfasst und fortträgt. Immer wieder fliegt er davon, bis er selbst nicht mehr weiß, wer er ist und wohin er gehört. Einzig sein Neffe ist auf der Suche nach ihm und nach etwas, das ihm seine Wurzeln zurückgibt.

»Doulatabadi öffnet den Blick hinter die Mauern einer fremden Welt. Er gilt zu Recht als bedeutendster Vertreter der zeitgenössischen iranischen Erzählkunst.« *Die Zeit*

Nilufar
Von der Macht einer Liebe, die an noch größeren Mächten scheitert.

Der Colonel
Ein Roman über die Umwälzungen im Iran – vom größten Schriftsteller des Landes.

Kelidar
Ein Buch über die Liebe: zwischen Mann und Frau, zwischen Mensch und Tier, zur Erde und zur Natur.

Der leere Platz von Ssolutsch
Seit Tagen schon haben Mergan und Ssolutsch nicht mehr miteinander geredet. Eines Morgens ist der Platz neben ihr leer: Mergan muss nun alleine für ihre Kinder sorgen.

Die alte Erde
Auf dem Dorfplatz bei der Teestube, vor der versammelten Dorfgemeinschaft, vollzieht sich die Tragödie um den umstrittenen Acker.

Die Reise
Chatun wartet auf ein Zeichen, auf das versprochene Geld. Da taucht, an Krücken, ihr Mann auf.

Mehr über Autor und Werk auf *www.unionsverlag.com*

Eine iranische Liebesgeschichte zensieren

Ein iranischer Schriftsteller ist es leid, immer nur düstere Romane mit tragischem Ausgang zu schreiben. Also beginnt er eine Liebesgeschichte – ein Projekt mit Tücken. Wird es ihm gelingen, die Geschichte von Sara und Dara zu einem glücklichen Ende zu bringen, während der Zensor ihm doch beim Schreiben im Nacken sitzt?

Augenstern

Amir versucht, sein Leben zu rekonstruieren. Seine Erinnerungen sind ausgelöscht, sein Körper vom Krieg versehrt. Bilder einer mysteriösen Frau, eines goldfunkelnden Basars leuchten vor ihm auf. Auf der Suche nach der Liebe seines Lebens streift er durch Teheran und findet inmitten eines zerrütteten Landes eine zukunftsweisende Spur.

»Shariar Mandanipurs Werke sind energetisch, berückend, klug und reich an Wortwitz und literarisch politischen Verweisen. Beeindruckend und geistreich.« *The New Yorker*

»Einer der bedeutendsten iranischen Autoren seiner Generation.« *Navid Kermani*

Ein Witz für ein Leben

Ein Kind, das einer einsamen Kuh durch die Trümmer folgt. Ein Onkel, der drei Mal stirbt. Ein Mann, der die Träume der anderen träumt, und einer, der immer flacher wird. Ein Junge, der seinen kleinen Bruder verkaufen will, und einer, der beschließt, nie wieder zu lächeln. Geschichten von fantastischen Matadoren, von reumütigen Voyeuren, von verlorenen Leben, von allmächtigen Milizen an jeder Ecke – und von der Notwendigkeit, trotz allem zu lachen.

Wie überlebt man in einer Welt, die täglich zerstört wird? Wie findet man Worte für einen Schrecken, der so ganz anders ist, als wir ihn uns vorstellen? In seinen aufsehenerregenden Texten erzählt Mazen Maarouf überraschend und kühn, voller Humor und Fantasie.

»Die Erzählungen setzen sich auf unterschiedliche Weise mit der Frage auseinander, was Menschen Macht und auch Würde verleiht. Sie zeigen den Versuch, mithilfe von Vorstellungskraft und Literatur einer brutalen Realität ins Auge zu sehen, und individuellen Menschenleben, die in der Wucht des Krieges oft untergehen, Würde zu verleihen.« *tralalit.de*

»Das Vertraute verschiebt sich ins Unheimliche, in jedem Satz lauert das Unvorstellbare. Skurril, überraschend, verblüffend, manchmal auch witzig sind diese Erzählungen. Maarouf wurde mit Franz Kafka und Samuel Beckett verglichen. Zu Recht.« *WOZ Die Wochenzeitung*

DIE KAIRO-TRILOGIE
Das Hauptwerk des ägyptischen Nobel-Preisträgers – »Der Baedeker zu Ägyptens Seele.« *Newsweek*

Zwischen den Palästen
Abd al-Gawwad, der übermächtige Herrscher der Familie, ist gefürchtet und geliebt zugleich. Strotzend vor Vitalität und Lebenslust, ist er zuhause doch der gnadenlose Patriarch, der Ehefrau, Töchter und Söhne an seinen Fäden führt. Die Familienmitglieder verstricken sich immer tiefer im Geflecht ihrer verunsicherten Beziehungen.

Palast der Sehnsucht
Entmutigt durch die schroffe Ablehnung, mit der der Vater Kamals Begeisterung für die Wissenschaft und die nationale Unabhängigkeitsbewegung begegnet, beginnt Kamal, sich in Weinbuden zu betrinken und durch die Bordellgassen zu streifen. Sein Bruder und der Vater buhlen derweil, ohne es voneinander zu wissen, um die Liebe derselben Frau.

Zuckergässchen
Gealtert und durch Krankheit gezähmt, verfolgt Abd al-Gawwad, der einst so stolze Herrscher der Familie, auf dem Balkon seines Palastes das Straßentreiben. Da erreicht der Zweite Weltkrieg Ägypten. Luftangriffe auf Kairo! Der Riss, der durchs Land geht, bricht auch in Abd al-Gawwads Familie auf.

Nagib Machfus im Unionsverlag

»Meine Liebe gilt den Bewohnern der Gassen.
Nicht nur der alten Gassen von Kairo, sondern der Gassen
der ganzen Welt.« *Nagib Machfus*

»Der Pharao der Literatur.« *Die Zeit*

»Niemand kennt Ägypten und seine die Zeiten überdauernden
Eigenheiten besser als Nagib Machfus – der berühmteste
Schriftsteller des Landes und Nobelpreisträger.«
Süddeutsche Zeitung

Mehr über Autor und Werk auf *www.unionsverlag.com*

Yaşar Kemal im Unionsverlag

DIE MEMED-ROMANE

Wie aus Memed, dem schmächtigen, ängstlichen Knaben, ein
Räuber, Rebell und Rächer des Volkes wird.

Memed mein Falke
Die Disteln brennen
Das Reich der Vierzig Augen
Der letzte Flug des Falken

DIE INSEL-ROMANE

Der Romanzyklus einer paradiesischen Insel in der Ägäis, die
zum Spielball der Weltpolitik wurde.

Die Ameiseninsel
Der Sturm der Gazellen
Die Hähne des Morgenrots

WEITERE WERKE

Der Baum des Narren
Auch die Vögel sind fort
Salman
Die Ararat-Legende
Der Granatapfelbaum
Salih der Träumer
Zorn des Meeres
Töte die Schlange
Das Lied der Tausend Stiere
Der Wind aus der Ebene
Das Unsterblichkeitskraut
Eisenerde, Kupferhimmel

Mehr über Autor und Werk auf *www.unionsverlag.com*

Tschingis Aitmatow im Unionsverlag

»Die Kreise des kirgisischen Schriftstellers, dessen frühe Novellen nun schon über zwei Lesergenerationen die Atemlosigkeit menschlicher Erfahrung mit dem Leid des Krieges, der Zerstörung der Kindheit, der Liebe, der Familie in Erinnerung rufen, sind weltumspannend.« *Freie Presse*

»Der Duft Kirgisiens nimmt uns gefangen, der poetische Zauber jeder Zeile. Als ›Sänger der Berge und Steppen‹, als großartiger Erzähler kann und will Aitmatow nicht verleugnen: seine Heimat ist Kirgisien.« *Stuttgarter Zeitung*

Abschied von Gülsary
Du meine Pappel im roten Kopftuch
Der Richtplatz
Dshamilja
Aug in Auge
Die Klage des Zugvogels
Ein Tag länger als ein Leben
Begegnung am Fudschijama
Der weiße Dampfer
Das Kassandramal
Goldspur der Garben
Kindheit in Kirgisien
Liebesgeschichten
Frühe Kraniche
Der Schneeleopard
Der Junge und das Meer
Die Kraft der Schamanen
Tiergeschichten

»Das Wort verkümmert und stirbt, wenn wir es nicht mit anderen teilen.« *Tschingis Aitmatow*

Mehr über Autor und Werk auf *www.unionsverlag.com*